QUE SAIS-JE ?

Le complexe d'Œdipe

ROGER PERRON

MICHÈLE PERRON-BORELLI

ISBN 2 13 046581 1

Dépôt légal — 1re édition : 1994, septembre

108, boulevard Saint-Germain, 75006 Paris

Chapitre I

MYTHE ET « COMPLEXE »

I. — Le « complexe d'Œdipe » : de quoi s'agit-il ?

La culture contemporaine a si bien assimilé les découvertes de la psychanalyse qu'il est devenu difficile de percevoir le scandale qu'allait susciter une idée dont Freud donne la primeur à son ami Wilhelm Fliess, dans une lettre du 15 octobre 1897 : « J'ai trouvé en moi comme partout ailleurs des sentiments d'amour envers ma mère et de jalousie envers mon père, sentiments qui sont, je pense, communs à tous les jeunes enfants (...) s'il en est ainsi, on comprend (...) l'effet saisissant d'*Œdipe-Roi* (...) la légende grecque a saisi une compulsion que tous reconnaissent parce que tous l'ont ressentie. Chaque auditeur fut un jour en germe, en imagination, un Œdipe, et s'épouvante devant la réalisation de son rêve transposé dans la réalité »...

La référence à la tragédie de Sophocle donne la mesure exacte du drame : c'est une histoire d'inceste et de meurtre. Pour la morale victorienne de la fin du XIXe siècle, une telle histoire pouvait sembler admirable en tant que référence mythique et fiction dramaturgique; mais affirmer qu'aujourd'hui encore tout être humain nourrit en secret de semblables désirs était profondément choquant, et bien plus encore si en étaient suspectés les enfants, ces chers petits anges sans sexualité et sans agressivité...

Pourtant, en affirmant ainsi l'universalité de ce drame, Freud a mis en évidence l'un des ressorts essentiels de toute histoire humaine, celle des individus comme celle des sociétés. Certes, on le savait déjà, le désir sexuel s'affronte aux interdits ; s'il échoue à trouver les voies de sa satisfaction, il peut être contraint au renoncement ; et d'autres visées peuvent prévaloir, parées de justifications plus nobles... Tout ceci sans doute était connu ; mais, en instituant le complexe d'Œdipe comme « complexe nucléaire des névroses », et, au-delà, en le situant au cœur de tout fonctionnement psychique évolué, Freud affirme que ce drame est *organisateur* de la vie psychique.

La psychanalyse propose une théorie générale du fonctionnement psychique, dont le complexe d'Œdipe apparaît comme l'une des pièces maîtresses. C'est, de ce fait même, l'une des notions psychanalytiques les mieux connues du grand public et les plus banalisées.

La psychanalyse, science de l'incertain, a l'habitude des victoires ambiguës. Quelques-uns des termes qu'elle utilise ont été puisés dans le langage courant, où ils reviennent aujourd'hui chargés d'un parfum nouveau. Cette dilution dans la langue quotidienne distend les concepts en cause, jusqu'à en faire des entités à la fois vagues et caricaturales, que le psychanalyste ne peut accepter de cautionner.

Le terme « complexe », employé isolément, a pris le sens, dans la discussion la plus banale, d'un aspect fâcheux de la personnalité : « tu fais un complexe » signifie alors « tu manques de confiance en toi-même, tu te laisses entraver par des inhibitions déplorables... ». Ce terme, que Freud emprunta tardivement à Jung — non sans réticences — voulait en fait souligner l'extrême complexité de la dynamique psychique à l'œuvre dans « l'Œdipe ».

Aujourd'hui il n'est pas d'enfant sollicitant un câlin de sa mère qui ne soit déclaré « un petit Œdipe »... en tout cas s'il s'agit d'un garçon. Car s'il s'agit d'une fille qui fait la coquette pour séduire son père, le cas embarrasse : Œdipe se décline-t-il au féminin ?

Une réflexion un peu plus élaborée aboutira probablement à une déclaration du genre : « le complexe d'Œdipe ? c'est quand le petit garçon veut coucher avec sa mère et tuer son père » ; ceci dit, éventuellement, avec quelque ironie visant les contestables dadas des psychanalystes qui, « obsédés » par le sexuel, simplifieraient à l'excès des choses plus compliquées.

Certes, elles sont plus compliquées ! Chacun sait qu'il ne s'agit pas, de toute évidence, de conduites réelles : le parricide et l'inceste mère-fils sont heureusement rarissimes. S'agit-il simplement de ce que pourrait dire un enfant, et qu'il assumerait comme le ferait un adulte ? Pas davantage, même s'il est d'observation courante d'entendre nos chers bambins déclarer : « Quand je serai grand, je me marierai avec Maman. » Le fantasme œdipien ainsi formulé fait en effet l'ellipse du souhait de mort du père, et la nuance « quand je serai grand » témoigne d'un renoncement à la réalisation actuelle du vœu incestueux.

Ce que désigne l'expression « complexe d'Œdipe », c'est *une organisation fantasmatique pour l'essentiel inconsciente , parce que refoulée.* Celle-ci n'en exerce pas moins, en tout être humain, des effets décisifs, tout au long de son développement et de sa vie. Le mythe exprime justement, dans un « retour du refoulé » culturellement élaboré par les civilisations, cette fantasmatique inconsciente.

II. — Le mythe et le fantasme

Depuis vingt ans, Thèbes est gouvernée par un bon roi, aimé de son peuple. Il s'appelle Œdipe. Deux fils et deux filles lui sont nés de Jocaste, la femme qu'il aime. Mais voici que les malheurs s'abattent sur Thèbes. L'oracle, consulté, déclare que ces malheurs ne cesseront que si l'on trouve et punit le meurtrier de Laïos, premier mari de Jocaste. Œdipe jure de découvrir la vérité. C'est ainsi que commence l'*Œdipe-Roi* de

Sophocle, la première pièce policière de l'histoire ; ainsi s'amorce la « machine infernale », selon le titre que, vingt-cinq siècles plus tard, Jean Cocteau choisira pour réécrire à sa manière cette histoire. Nul doute qu'Œdipe, détective inspiré, découvrira le coupable : n'est-il pas le grand déchiffreur d'énigmes ? Il doit son trône et son bonheur au fait que, seul entre les mortels, il a jadis trouvé les réponses à celles que lui proposait la Sphynge...

Œdipe s'acharne à découvrir la vérité, aveugle à tous les indices qui cependant, pour reprendre une métaphore courante, lui « crèvent les yeux » ; lorsqu'enfin elle éclate, c'est au sens propre que, s'infligeant une horrible punition, il se crève les yeux. Vérité dont la vue apparaît en effet insoutenable : c'est lui-même qui autrefois a tué Laios, passant anonyme rencontré au hasard des chemins, avec qui il s'était pris de querelle. Cela seul suffirait à le chasser du trône, à détruire son bonheur. Mais il y a bien pire : alors qu'il se croyait fils de Polybe et Mérope, souverains de Corinthe, il est en fait le fils de Laios et de Jocaste. Il a tué son père, il a épousé sa mère. Ainsi, croyant le fuir, a-t-il à son insu réalisé l'oracle qui, dès sa naissance, avait prédit ce destin... La machine infernale amorcée par les dieux a fonctionné.

Il est remarquable que, pendant toute l'enquête, bien qu'Œdipe s'obstine à découvrir la vérité, il est aveugle aux indices qui s'accumulent, sourd aux instances de tous ceux qui, autour de lui, lui suggèrent d'abandonner. Mais cette vérité qui est en lui, prête à éclater, il la refuse de toute la force de sa volonté de méconnaissance. Jocaste, forte sans doute de son intuition féminine, en est bien plus proche, mais tente de l'en détourner :

> *« Le mieux est de vivre au hasard, comme on peut.*
> *Et ne sois pas en crainte d'épouser ta mère ;*
> *bien des humains ont déjà rêvé*
> *qu'ils s'unissent à leur mère. N'en pas tenir compte*
> *rend la vie plus facile à porter. »*

(*Œdipe-Roi,* vers 981-983).

Deux hommes connaissent la vérité, et refusent de la dire, sachant quelles catastrophes déclencherait sa révélation. Le premier, c'est Tirésias, le devin aveugle ; il la sait de ses yeux tournés vers l'intérieur qui déchiffrent l'inconscient (cela s'appelle chez Sophocle la volonté des dieux). Le second, c'est le berger, celui qui jadis, sur les ordres d'un Laios soucieux de déjouer l'oracle, emporta le bébé sur le Citheron pour le pendre par ses pieds percés[1] à une branche d'arbre, afin que les loups le dévorent ; il ne put s'y résoudre et le donna à un passant, lequel l'apporta à Polybe et Mérope.

Ainsi, la vérité qu'Œdipe s'efforce de ne pas voir, c'est à la fois la vérité historique, celle des événements, dont peut témoigner le berger, et la vérité « divinatoire » de Tiresias. Il refuse la méconnaissance délibérée que lui suggère Jocaste ; mais, tout à sa recherche passionnée d'un coupable *qui ne soit pas lui-même,* il est livré à ses propres mécanismes inconscients de méconnaissance...

Ainsi, vingt-cinq siècles avant Freud, Sophocle a-t-il magnifiquement décrit les effets du refoulement et les résistances qui peuvent s'opposer à la mise au jour d'un drame inconscient. Freud lui-même le souligne (dans *L'interprétation des rêves,* 1900) : « la pièce n'est autre chose qu'une révélation progressive et très adroitement mesurée — comparable à une psychanalyse — du fait qu'Œdipe lui-même est le meurtrier de Laios, mais aussi le fils de la victime et de Jocaste ». Pourquoi, s'interroge-t-il, ce drame nous émeut-il toujours autant ? « Il faut qu'il y ait en nous une voix qui nous fasse reconnaître la puissance contraignante de la destinée dans Œdipe (...) sa destinée nous émeut parce que nous avons tous senti à l'égard de notre mère notre première impulsion sexuelle, à l'égard de notre père notre première haine ; nos rêves en témoignent.

1. D'où son nom : « Œdipe » signifie en grec, selon les versions, « pieds-percés » ou « pieds-gonflés ».

Œdipe qui tue son père et épouse sa mère ne fait qu'accomplir un des désirs de notre enfance (...) le poète, en dévoilant la faute d'Œdipe, nous oblige à regarder en nous-mêmes » *(ibid.)*.

Cette thèse de Freud n'a pas manqué de susciter beaucoup de résistances, y compris chez certains hellénistes, d'où des controverses qu'il n'est pas possible de résumer ici[1]. On peut cependant noter que, même en se limitant à la mythologie grecque elle-même, le thème de l'inceste y trouve bien d'autres illustrations que celle qui doit sa célébrité à Sophocle. T. Nathan (1988) en a recensé huit versions, considérées comme variantes d'un même thème fondamental. Selon cet auteur, l'énigme sous-jacente à toutes ces versions concerne les origines (de quoi, de qui, quelque chose, quelqu'un, naît-il ?) ; cela naît-il de l'amorphe (en particulier de la terre), ou faut-il supposer une différence fondatrice ? et, à poser ces questions, ne risque-t-on pas de transgresser des limites interdites ? T. Nathan met en évidence divers types de réponses possibles, dans la mythologie grecque, et peut-être dans toute mythologie.

Toutes les formes du mythe cependant soulignent le conflit qui oppose la réalisation du désir et l'interdit de savoir. On retrouve ce conflit aux origines mêmes de l'humanité selon le livre de la Genèse. Dans la tragédie de Sophocle, c'est sans remords qu'Œdipe commet un meurtre, puis couche avec Jocaste pendant vingt ans ; il ne parvient à être heureux qu'en « oubliant » (nous dirions : en refoulant) l'oracle qui, à Delphes, lui avait prédit son terrible destin ; la punition ne s'abat sur lui que quand il *sait* avoir effectivement tué son père et

1. On peut se reporter entre autres à André Green, *Un Œil en trop, Le complexe d'Œdipe dans la tragédie* ; Marie Delcourt, *Œdipe, ou la légende du conquérant* (1981) ; D. Van Steeren, *Œdipe. Une étude psychanalytique d'après les tragédies de Sophocle* (1976) ; et au volume collectif intitulé *Psychanalyse et culture grecque* (1980).

couché avec sa mère, et qu'il se voit dès lors confronté sans recours à sa culpabilité.

C'est la vision, la connaissance, de ce qu'il ne fallait pas voir, de ce qu'il ne fallait pas connaître, qui déclenche le drame. On retrouve cela dans l'histoire de ce Tiresias qui tente de détourner Œdipe de la vérité. Il en connaît bien les dangers... Car s'il est devenu aveugle (et dès lors est condamné à « voir » ce que l'âme cache au plus profond d'elle-même), c'est parce qu'il a vu ce qu'il ne fallait pas voir. Selon les versions, ce fut une punition infligée par Pallas qu'il avait surprise nue ; ou bien ce fut pour avoir observé le coït de deux serpents et tué la femelle (performance suspecte, le sexe de ces animaux étant indiscernable au commun des mortels) ; ou bien encore — c'est la version la plus connue — pour avoir imprudemment tranché une dispute entre Zeus et Hera, qui se querellaient sur la question de savoir qui jouit le plus au cours du coït. Tiresias, qui avait eu le privilège d'être à la fois homme et femme, avait pu éprouver la chose des deux côtés ; il avait imprudemment déclaré que, si le plaisir se compose de dix parties, la femme en a neuf et l'homme une seule : sur quoi Hera, fort en colère de voir ainsi révélé le secret des femmes, l'avait puni en l'aveuglant.

Tiresias, depuis, sait la puissance redoutable des vérités cachées. Il a toujours su dans quelle « machine infernale » les dieux ont piégé Œdipe ; mais il sait aussi qu'il est bien préférable de le laisser se protéger par ses résistances. Car si Œdipe se crève les yeux lorsque la vérité éclate, c'est pour fuir des visions insoutenables : l'évocation des rapports sexuels dont il est issu (la « scène primitive »), l'évidence des souhaits de mort de ses parents (qui l'avaient livré aux loups sur le Cithéron, pour se protéger de lui), la réalité du meurtre de son père, et d'un inceste avec sa mère qui a donné le jour à quatre enfants qui sont à la fois ses fils et filles, ses frères et sœurs... On peut noter cependant que Tiresias agit là à l'inverse du psychanalyste, dont la visée thérapeutique, au contraire, favorise la levée du refoulement et la mise au jour de ces vérités cachées. C'est évidemment qu'il s'agit alors de désirs, d'interdits, de fantasmes, là où la tragédie de Sophocle pose qu'il s'agit d'événements et d'actes bien réels.

III. — **Contingences culturelles ?**

La psychanalyse naissante s'est heurtée à de nombreuses et très vives réticences. Certes, l'existence de processus inconscients était déjà dans l'air du temps ; les idées de Freud auraient sans doute été admises sans grandes difficultés si elles ne s'étaient assorties d'une référence aussi insistante à la sexualité. Ces résistances n'ont pas toutes disparu avec le temps, loin s'en faut.

En ce qui concerne le complexe d'Œdipe, certains ont soutenu que l'importance ainsi attribuée par Freud au conflit entre la sexualité et les interdits qui s'opposent à sa libre réalisation était le produit contingent de la société à laquelle il appartenait. Sa théorie, a-t-on objecté, ne faisait que refléter l'idéologie d'une société bien délimitée dans le temps et l'espace : la société bourgeoise de la fin du XIXe siècle en Europe, et même plus précisément à Vienne. C'était une société qui posait la cellule familiale (définie par le couple parental et ses enfants) comme valeur fondamentale et socle nécessaire de toutes les structures et institutions sociales. Au sein de cette cellule familiale, enserrée dans le carcan de la morale victorienne, dominée par une autorité paternelle en prise sur les réalités du monde extérieur, mais où la mère était cantonnée dans ses responsabilités familiales, étaient affirmées les valeurs de l'effort et du devoir. Les « instincts », conçus comme des forces mauvaises qui risquent toujours de ravaler l'homme au rang de la bête, devaient être réprimés. C'était ainsi que s'apprenaient les rôles sexués, la fille devant devenir elle-même mère selon ce modèle, et le garçon succéder au père dans la gestion et le développement de ses entreprises, au sein d'un monde entièrement dominé par la compétition et la réussite du plus fort. Nulle surprise alors, dit-on, que cette société ait pu donner à observer des cas où le garçon se révolte contre l'autorité paternelle, et souhaite sa disparition pour s'affranchir de sa tutelle et prendre lui-même le pouvoir ; que la fille ainsi sacrifiée déplore son sort, reproche à sa mère de l'avoir faite fille et envie les mâles (l' « envie du pénis », selon Freud) ; et que les désirs sexuels, brutalement interdits par une répression féroce, ne tendent à s'exprimer de façon à la fois détournée et « sauvage »...

Toute la théorisation de Freud, et en particulier celle du complexe d'Œdipe, ne serait ainsi que la mise en forme, abusivement généralisée à toute l'espèce humaine, de phénomènes très contingents, particuliers à cette forme de société, une société éphémère au regard de l'histoire de l'espèce... Le refoulement, base selon Freud de toutes les névroses, ne serait lui-même que l'effet de cette répression sociale : changeons la société, il disparaîtra, et disparaîtront du même coup les névroses... Il faut certes beaucoup de naïveté pour adhérer à des vues aussi simplistes ; on les a vu cependant refleurir, avec emportement, lors du grand mouvement protestataire de 1968, qui fit de Marcuse — principal promoteur de cette thèse — l'un de ses héros.

Freud, certes, a pu donner prise, par certains de ses écrits, à ce type de critiques. Médecin, membre de la moyenne bourgeoisie viennoise, il en partageait sans aucun doute bien des postulats implicites et des valeurs, y compris quelques « préjugés de classe ». Quelques-unes de ses vues sur la femme (la « faiblesse du Surmoi », la passivité féminine, le peu de contribution des femmes au progrès de la civilisation, etc.) portent évidemment la marque de ces implicites. La critique de toutes ces propositions contestables a été faite, au sein même de la psychanalyse, par ses successeurs, sans que cela ait remis en cause les points fondamentaux de la théorie.

Une discussion plus sérieuse concerne l'universalité du complexe d'Œdipe. La validité de ce schéma ne se limiterait-elle pas à notre civilisation « occidentale », elle-même fondée culturellement sur la tradition judéo-chrétienne ?

Cette critique s'est alimentée des travaux des anthropologues, avec lesquels les psychanalystes entretiennent des rapports à la fois passionnels et ambigus. Freud lui-même avait été vivement intéressé par les écrits d'un anthropologue, Frazer, dans lesquels il avait cru trouver les bases d'une réponse cohérente à un problème essentiel. Car si le complexe d'Œdipe doit être tenu, comme Freud le pensait, pour constitutif de tout psychisme humain, comment comprendre sa transmission et sa permanence au fil des générations ? Freud développe sa réponse dans *Totem et Tabou* (1913). Aux origines préhistoriques, dit-il, l'homme vivait en « hordes », sous la domination d'un grand mâle redoutable, qui ne tolérait ses fils que totalement soumis ; il leur interdisait l'accès aux femmes, dont il se réservait l'usage exclusif. Un jour, les fils, fomentant une conjuration, se sont révoltés, ont tué le père et, enfin, pris les femmes. Depuis, le souvenir (inconscient) de ce crime originaire se transmet de génération en génération et modèle toute psychogenèse individuelle, avec ses deux constituants essentiels : le désir sexuel du garçon pour sa mère, affronté à l'interdit de l'inceste, et le fantasme de meurtre du père, générateur de culpabilité.

Une telle thèse lui paraissait bien cadrer à la fois avec ce qu'il décrivait comme le complexe d'Œdipe et avec les travaux d'anthropologues qui alors faisaient autorité. On n'a pas manqué cependant de critiquer ensuite cette

« fiction préhistorique »[1], basée sur des données ethnographiques qui aujourd'hui apparaissent bien désuètes ; il n'en reste pas moins que certains des développements de *Totem et Tabou* sont aujourd'hui encore pleins d'intérêt, tant était grande l'aptitude de Freud à « raisonner juste sur des figures fausses ».

Les controverses sur le thème de l'universalité de l'Œdipe sont allées bon train. Dans un premier temps, certains (notamment Geza Roheim) se sont faits missionnaires de la psychanalyse sur le terrain des « sociétés primitives » ; d'autres, au contraire, ont cru pouvoir réfuter victorieusement la thèse freudienne par la mise en évidence de sociétés dont la structure de base n'est pas la « famille nucléaire » (structure basale formée par le père, la mère et l'enfant, la double différence des sexes et des générations étant bien marquée, et le rôle des parents dans la procréation et l'élevage des jeunes clairement défini). Ces controverses, alimentées de travaux d'ethnologues comme B. Malinowsky, M. Mead, R. Benedict (et plus généralement un courant dit « culturaliste »), ont produit le meilleur et le pire, souvent sur la base d'une théorie psychanalytique réduite, pour les besoins de la cause, à sa forme la plus sommaire. Ainsi, on a cru pouvoir « démontrer » que le complexe d'Œdipe « n'existe pas » dans telle société où les fonctions d'autorité sont exercées, non pas par le père biologique, mais par l'oncle maternel, par un autre homme, voire même par une femme « époux » de la mère. C'est méconnaître qu'au contraire de tels cas confirment le caractère fondamental d'une distribution des rôles, des images, des pôles du fantasme, au sein d'un couple assumant des fonctions parentales différenciées. Ceci admis, il n'est certainement pas indiffé-

1. Le terme est de Freud, dans un texte écrit peu après mais qu'il renonça à publier tant il lui paraissait aventuré. Ce texte (*Vues nouvelles sur les névroses de transfert,* 1915), oublié, a été récemment redécouvert et publié.

rent qu'au pôle maternel soit opposé un pôle complémentaire dont la place est occupée par le père, ou bien par un autre homme, voire par une femme (que ce personnage soit désigné par la culture, la tradition, le mythe, etc., ou qu'il s'agisse d'un substitut contingent). Il y a là, sans aucun doute, un vaste terrain d'enquête et de réflexion théorique à l'intersection de la psychanalyse et de l'ethnologie.

La thèse de l'universalité de l'Œdipe a trouvé de nouveaux fondements dans le courant de pensée structuraliste. Bien qu'il soit dans l'ensemble plus que réticent à l'égard de la psychanalyse, Claude Lévi-Strauss a durablement marqué le champ de cette réflexion[1], en mettant en évidence une loi fondamentale, qui selon lui règle toute structure sociale : la prohibition de l'inceste. Cet interdit peut prendre des spécifications très variées, la plus fréquente, dans de nombreuses sociétés, étant l'obligation du mariage exogamique (c'est-à-dire hors du groupe de vie habituel, tribu, clan, etc.) ; il n'en reste pas moins que, selon cet auteur, c'est la « règle des règles », à laquelle aucune société humaine connue ne dérogerait. Elle suppose une claire reconnaissance de la différence des sexes, et, sous une forme quelconque, l'institution du mariage, ainsi que l'attribution de l'enfant à la mère, c'est-à-dire la différence des générations (toujours d'ailleurs bien marquée par les rites d'initiation à la puberté). D'où, en toute société, la culpabilité associée à l'idée même de la transgression, et la punition qui frappe celui qui enfreint l'interdit, voire même l'évoque ou y pense. Cette structure fondamentale, d'un interdit opposé au désir (car à quoi s'opposerait-il, sinon à un désir ?), articulant la double différence des sexes et des générations, est toujours traduite par des rites qui procèdent

1. Par toute une série de travaux, en particulier ces grands ouvrages que sont *Les structures élémentaires de la parenté,* 1949, et l'*Anthropologie structurale,* 1958.

de mythes. Le mythe d'Œdipe peut dès lors être considéré comme en constituant l'une des versions, produite par la culture grecque archaïque.

Version particulière, contingente, sans valeur structurale de portée plus large? Il est significatif qu'un ethnologue parti étudier sans idée préconçue les mythes d'un peuple du centre de la Nouvelle-Guinée, les Yafar, y ait retrouvé de façon frappante les éléments du mythe d'Œdipe. Ayant recueilli les mythes produits et transmis au sein de ce groupe humain, et après en avoir demandé l'exégèse à ses informateurs locaux, il se dit frappé par le fait que cette exégèse « va dans le sens d'une interprétation freudienne, d'une désignation du complexe d'Œdipe (...) ce sont les Yafar qui nous ont conduit à Freud, non le contraire » (B. Juillerat, 1991, p. 38-40).

Sans doute, en effet, toute communauté humaine est-elle conduite à se structurer sur deux données fondamentales, qui concernent la différence des générations et la différence des sexes.

La différence des générations est universellement constituante des sociétés humaines, du fait du nécessaire élevage des enfants par la mère tout au long du premier âge, puis du passage dans le monde des adultes.

Ceci se combine avec la différenciation de la maternité et de la paternité. Il est évident, partout et toujours, que l'enfant se développe dans le ventre d'une femme et en sort. Mais à quelle causalité imputer la grossesse elle-même? Les réponses peuvent varier considérablement selon les cultures et selon les moments de leur histoire. On peut référer la cause d'une grossesse à un homme bien particulier, qu'il soit ou non lié à cette femme par l'institution du mariage (quelle qu'en soit la forme); mais il peut être aussi de règle de l'imputer à son frère aîné, à la communauté des hommes du clan, au totem ou à un esprit tutélaire bénéfique (mais aussi éventuellement à un esprit maléfique, pour expliquer les naissances jugées anormales), etc. Dans la plupart des sociétés, la paternité est avant tout située dans la double dimension de causalités imaginaires et de références symboliques très structurées. Ce n'est guère que dans notre société occidentale moderne que la paternité est clairement référée à un homme agent biologique de la grossesse ; cependant, ces dimensions imaginaires et symboliques restent bien présentes, ainsi qu'on le voit remis en évidence par les adoptions, les enfants créés par procréation médicale assistée, etc. L'enfant est donc toujours situé par rapport à *deux* instances, la mère et cette seconde instance, « paternelle ». Ces deux pôles, toujours situés en opposition-complémentarité, définissent un principe « mâle » et un principe « femelle » : c'est ainsi que la différence des sexes est universellement reconnue et entérinée, bien au-delà des simples différences anatomo-physiologiques.

Toute société cadre donc le développement de ses enfants par référence à cette double différence, des sexes et des générations : il s'agit là des préconditions de tout développement psychique, en toute société humaine. De ces préconditions découlent des conflits qui peuvent prendre des modalités différentes d'une culture à l'autre, mais dont la structure de base est toujours ainsi donnée : l'universalité de l'Œdipe c'est cela...

IV. — **Questions ouvertes**

Reconnaître la place centrale du complexe d'Œdipe dans la théorie psychanalytique n'empêche pas que se posent de nombreuses questions ; les plus importantes seront brièvement discutées dans ce petit ouvrage.

1 / La première question qui s'est posée à Freud concerne l'extension à la petite fille de la problématique œdipienne qu'il avait d'abord définie dans le cas du garçon. Le modèle serait-il simplement réversible *mutatis mutandis* ? Il suffirait alors d'inverser les rôles

parentaux : les souhaits incestueux de la petite fille se porteraient vers son père, tandis que sa rivalité avec sa mère la conduirait à souhaiter éliminer celle-ci. Dès lors ne serait-il pas préférable, pour éviter toute ambiguïté, de se détourner, dans le cas de la fille, d'une référence spécifiquement masculine à Œdipe ? C'est en ce sens que Jung avait proposé de balancer par un « complexe d'Electre », spécifique à la fille, un complexe d'Œdipe dès lors réduit au cas du garçon. Freud refusa vigoureusement cette innovation terminologique : il tenait à affirmer avant tout que le complexe d'Œdipe, de par ses implications structurelles, concernait pour l'essentiel de la même manière les filles et les garçons ; ceci malgré ses spécificités évidentes pour chaque sexe.

Freud lui-même s'est d'ailleurs appliqué, sur la base de ce postulat, à préciser la spécificité du complexe d'Œdipe féminin ; c'est cependant l'un des points de sa théorie qui est resté le plus controversé par ses successeurs. En effet, l'un des écueils les plus évidents d'une conception de l'Œdipe féminin qui resterait trop directement démarquée de celle qui fut d'abord élaborée pour le garçon tient au caractère premier et fondamental *pour les deux sexes* du lien qui attache le très jeune enfant à sa mère. Les désirs incestueux du garçon pour sa mère restent dans la continuité de ce lien primitif, tandis que la fille doit d'abord se défaire de son attachement exclusif à la mère avant de pouvoir reporter sur le père ses désirs incestueux.

2 / L'admission de cette différence entre les sexes devait tout naturellement conduire à prendre en compte, pour tout enfant, *deux versants de l'Œdipe,* l'un prenant pour objet électif le parent de l'autre sexe, et l'autre le parent de même sexe. On désigne habituellement ces deux versants comme « Œdipe direct » (désir incestueux pour le parent de l'autre sexe) et « Œdipe inversé » (désir incestueux pour le parent de même sexe). On parle aussi parfois, pour dire la même chose, d' « Œdipe positif » et d' « Œdipe négatif » ;

ceci a cependant l'inconvénient de créer une grande confusion avec la bipolarité des sentiments positifs et négatifs pour l'un ou l'autre parent, quel que soit le versant de l'Œdipe considéré. La confusion s'accroît d'ailleurs si — ce qui peut se trouver dans les meilleurs écrits psychanalytiques — on contraste les termes d' « Œdipe positif » (lorsque le désir concerne le parent de l'autre sexe) et d' « Œdipe inversé » (lorsque le désir concerne le parent du même sexe). Ces hésitations terminologiques sont bien révélatrices des difficultés à penser clairement la complémentarité des deux versants de l'Œdipe.

La coexistence de ces deux versants chez un même enfant n'exclut pas la prévalence de l'un ou de l'autre ; celui qui prévaut le plus souvent, c'est celui de l'Œdipe « positif », qui fonde le « choix d'objet » hétérosexuel ; c'est celui que met en scène, dans le cas du garçon, le mythe d'Œdipe selon Sophocle. On ne peut cependant éviter de prendre en compte, chez le même petit garçon, les mouvements affectifs qui le conduisent à privilégier, à certains moments ou dans certaines situations, l'amour pour son père, la mère devenant alors la rivale à éliminer...

Cette dynamique complexe des deux versants de l'Œdipe se fonde sur un postulat freudien qui fut en lui-même révolutionnaire : celui de la *bisexualité psychique* de tout être humain. Selon ce postulat, dès la prime enfance et toujours par la suite, existe en tout homme une part de féminité, en toute femme une part de masculinité. Rien donc que de très normal à ce que, selon les périodes de son évolution, ou suivant les mouvements dynamiques qui ponctuent le devenir de ses investissements d'objets, l'enfant tourne préférentiellement son amour et ses désirs vers son père ou vers sa mère. Selon cependant ce qui prévaudra dépendront finalement ses « choix d'objet » et ses préférences sexuelles.

3 / La perspective d'un développement ontogénétique du psychisme, perspective déjà très présente chez

Freud et très travaillée depuis, montre à l'évidence que l'organisation œdipienne est une formation psychique relativement tardive dans le développement de l'enfant. Bien qu'il n'apparaisse pas possible, ni même bien utile, de dater avec précision la mise en place de cette organisation œdipienne, on sait cependant que son installation est progressive et se situe dans une marge d'âge allant de 3 à 6 ans.

Certains psychanalystes, parmi les plus éminents, ont tendance à refuser la perspective, dite « génétique », qui se réfère aux étapes de développement de l'enfant. Cette prise de position, volontiers fondée sur des considérations d'ordre épistémologique, les conduit à souligner que la psychanalyse trouve sa référence majeure dans les processus mis en œuvre et en évidence par la cure analytique. Il est vrai que, lorsqu'il s'agit de cures d'adultes, l'organisation qui s'exprime dans ces processus est en général dominée par les fantasmes œdipiens et leur refoulement, tels qu'ils sont réactualisés et exprimés dans le transfert. Les mouvements transférentiels qui se réfèrent aux étapes pré-œdipiennes du développement psychique ne peuvent alors apparaître, très modifiés par « après-coup », que par des effets de régression : on ne peut les connaître que de façon conjecturale si l'on tente de les restituer hors de leur intégration œdipienne.

Telle est la critique parfois formulée à l'encontre du « point de vue génétique » en psychanalyse. Sans aucun doute, il faut en tenir compte si l'on veut maintenir dans sa plus grande rigueur la spécificité de l'approche psychanalytique du psychisme humain. On ne saurait cependant évacuer sans plus les questions concernant le développement psychique lui-même. Il est vrai que les étapes les plus précoces ne peuvent être que déduites, à titre hypothétique, de ce qui en témoigne plus tard, d'une façon profondément transformée par des remaniements ultérieurs et par l'intégration dans une structure psychique plus complexe. On ne peut cependant éviter, sous peine de se priver des bases nécessaires, de postuler ces étapes précoces.

Nous aurons donc à examiner au cours de ce petit ouvrage, les apports théoriques et cliniques qui peuvent le mieux éclairer les prémices de l'Œdipe, dans les débuts du développement psychique de l'enfant. Freud lui-même a fondé certains concepts centraux de sa théorie sur la prise en compte hypothétique de ces premières étapes : dualité primitive de l'amour et de la haine, hallucination de la satisfaction comme point de départ chez le tout petit enfant de l'activité de représentation, stades du développement de la libido et de l'organisation du moi, etc. Après lui, les psychanalystes d'enfants ont apporté sur ces questions de nouveaux éclairages théoriques qui ont profondément marqué la psychanalyse contemporaine.

4/Enfin, si l'on admet que l'Œdipe structure l'adulte, il faut considérer que, lorsque celui-ci devient parent, la problématique œdipienne du couple parental aura un effet décisif sur l'accès de ses enfants à cette même problématique. Comment, dès lors, le drame œdipien porte-t-il la marque chez l'enfant de ces refoulements parentaux et de la dynamique du couple parental ? On débouche ici sur un problème d'une portée anthropologique considérable : peut-on, à la faveur d'une telle approche théorique, mieux comprendre la transmission, de génération en génération, des valeurs et des conduites qui en découlent, des règles de vie, des lois, des institutions, etc., c'est-à-dire de tout ce qui fait une culture ?

Ce petit ouvrage vise à apporter, de la façon la plus claire possible, et en évitant autant qu'il se peut tout « jargon » de spécialiste, quelques éléments de réponse à ces questions.

Chapitre II

LA « DÉCOUVERTE » DU COMPLEXE D'ŒDIPE

Le complexe d'Œdipe est au cœur de la psychanalyse. L'expression elle-même n'apparaît pourtant dans les écrits de Freud que tardivement (en 1910, dans un article intitulé « Contributions à la psychologie de la vie amoureuse ») ; depuis bien des années cependant il y faisait référence sous les termes de « complexe paternel », ou, bien significativement, de « complexe nucléaire des névroses ». Bien que ce thème coure en filigrane dans toute son œuvre, il n'y a consacré spécifiquement aucun de ses grands textes. Il faut donc en repérer l'explicitation en relisant l'ensemble de ses travaux ; et, comme toujours lorsqu'on se propose de recentrer au mieux l'une des grandes notions freudiennes, on se trouve en présence de textes riches, mais souvent elliptiques, et qui parfois paraissent contradictoires ; une même idée y revient à des années d'intervalle, enrichie, précisée dans un contexte nouveau. Il faut donc nécessairement les relire dans leur ordre historique. Le bénéfice en est qu'on voit bien alors comment Freud, au travers de ses incertitudes et de ses tâtonnements, s'efforce constamment de concilier les exigences de la clinique et de la théorie.

Depuis ses premières intuitions concernant le complexe d'Œdipe, vers 1895-1896, il lui faudra presque trente ans pour parvenir à sa formulation définitive, qu'on peut situer en 1923.

L'histoire commence avec son travail sur l'hystérie, et par sa confrontation quotidienne avec les manifestations spectaculaires et les souffrances des hystériques. Puis, conscient de ses propres difficultés névrotiques, il s'interroge : ne serais-je pas moi-même, Sigmund Freud, en proie aux mêmes conflits et aux mêmes méconnaissances? La réflexion sur ce qu'il observe chez les hystériques se double alors de cette interrogation intime, dans ce qui va être son « auto-analyse ». L'analyse de ses propres rêves prend une part importante dans cette élucidation. L'interprétation des rêves lui apparaît dès lors comme « la voie royale » de dévoilement de l'inconscient.

I. — Une thérapeutique de l'hystérie ?

En 1895 paraissent les *Etudes sur l'hystérie,* sous la double signature de Sigmund Freud et Joseph Breuer; c'est le produit d'une longue et amicale collaboration, dont cependant cela marquera le terme : car, en fait, leurs vues sur l'hystérie divergent.

Le problème est d'expliquer les symptômes hystériques, et surtout les plus spectaculaires, ceux dont, quelques années auparavant, Freud avait été le témoin passionné à Paris, chez Charcot. Sans doute, ce sont de brutales décharges de tension (la crise est « cathartique »); mais à quoi sont-elles dues? Selon Breuer, à la fréquence et à l'importance, chez les hystériques, des « états hypnoïdes » (de moindre vigilance, comparables à ceux que chacun connaît dans le demi-sommeil de l'endormissement ou du réveil); elles y seraient prédisposées par leur « constitution ». Ces « états hypnoïdes » sont les moments où, face aux contraintes et aux conflits de la vie, elles se laissent aller à exprimer dramatiquement leurs souffrances. C'est sur ces contraintes et ces conflits que, pour sa part, Freud met l'accent : selon lui, les symptômes hystériques témoignent de leur intensité, bien plus que d'une faiblesse de leur contrôle. C'est lorsqu'un conflit, présent de longue date chez la patiente, passe par un maximum d'intensité, que la crise hystérique se déclenche; mais ce conflit peut aussi être exprimé, aménagé, contenu en quelque sorte, par un symptôme durable.

On voit là commencer à s'affirmer ce qui va caractériser, tout au long de son œuvre, la position de Freud : l'accent mis sur le fonctionnement *actif* du psychisme. Il prenait ainsi le contre-pied de la position couramment adoptée à l'époque, et dont Breuer donnait sa propre version : la pathologie mentale relèverait de baisses du niveau ou du régime de fonctionnement de l'esprit, d'une perte de cohérence, une dissociation, une désagrégation, etc., provisoire ou définitive[1].

De plus, de quel genre de conflits s'agit-il ? C'est surtout là que Breuer renâcle : pour Freud, il s'agit *toujours* de sexualité. L'exigence sexuelle, puisque sa source vive est dans le corps, renaît sans cesse; parfois cependant, les voies et moyens de sa satisfaction sont radicalement condamnés par le sujet lui-même, qu'il le sache ou non. L'hystérique ne le sait pas : de très actifs mécanismes de refoulement fonctionnent pour le lui dissimuler. C'est d'ailleurs cette méconnaissance qui permet la production des symptômes, qui sont en fait des satisfactions sexuelles substitutives, déguisées sous une apparence innocente. La grande crise hystérique observée chez Charcot peut mimer à l'évidence le coït et l'orgasme; mais Freud pense que, pour peu qu'on sache les interpréter, *tous* les symptômes hystériques prennent sens de satisfactions sexuelles déguisées : la satisfaction s'y transpose, un peu comme lorsque les mots d'une langue sont traduits en une autre. Il y a

1. Plusieurs courants théoriques étaient venus alimenter cette thèse : notamment la théorie de la dégénérescence, postulant l'affaiblissement progressif de la vie psychique dans certaines lignées familiales, et la théorie de Hughlings Jackson concevant les fonctions cérébrales — et par extension l'organisation psychique — comme un système hiérarchisé, dont la désagrégation procéderait en ordre inverse de sa construction. Pierre Janet, s'affirmant rival de Freud, se situait dans ce courant de pensée en concevant l'hystérie — de façon proche de Breuer — comme affaiblissement du « tonus psychique ».

chez l'hystérique un « langage du corps », que Freud, nouveau Champollion, se propose de décrypter.

De tels conflits, où le désir sexuel voit sa satisfaction barrée par un « jugement de condamnation » qui procède des impératifs moraux édictés par une société répressive, peuvent paraître banals[1]. Mais pourquoi ces conflits prennent-ils chez l'hystérique tant de force inconsciente, et pourquoi s'expriment-ils par de tels symptômes ? Parce que, répond Freud, l'histoire de l'hystérique a été marquée par un événement traumatique, qu'elle finit toujours par retrouver et raconter : enfant, elle a été victime et objet passif[2] d'une « séduction » (entendre : de manœuvres sexuelles) de la part d'un adulte, et souvent de son propre père, sans pouvoir s'en défendre. Peut-être n'avait-elle pas alors été gravement affectée : le traumatisme n'est que « potentiel », ce n'est qu'à la puberté qu'il éclatera. L'effet s'en développe donc en deux temps, le second survenant lorsque les conditions en sont réunies, sur la base des traces laissées par le premier temps. C'est là l'origine de la notion d' « après-coup », qui restera fondamentale en psychanalyse même lorsque Freud aura abandonné sa théorie de la séduction : bien au-delà du traumatisme proprement dit, certains événements, ou expériences chargées d'affects, certaines productions fantasmatiques, etc., qui sur le moment peuvent paraître de peu d'importance, laissent des traces qui ne prendront force et sens que plus tard, dans un nouveau contexte[3].

1. Particulièrement dans le contexte social de l'époque, dominée par une morale sexuelle victorienne fort peu permissive...

2. « Objet passif » en ce sens que l'enfant est supposé sans réponse comportementale. Freud suppose dès ce moment que l'enfant peut avoir été ému, non seulement de peur, mais aussi par une excitation sexuelle. Mais il a du mal à admettre pleinement cette idée, qui mettra dix ans à cheminer.

3. Cette activation de la trace peut la remanier considérablement, de sorte que, si elle donne lieu à une remémoration de l'événement ou de l'expérience originels, on ne peut tenir ce souvenir pour son reflet fidèle... Ceci a donné lieu à beaucoup de controverses sur la « réalité de l'histoire » : dans quelle mesure une histoire personnelle mise en lumière par

Telle est la thèse développée par Freud dans les *Etudes sur l'hystérie.* Entre autres illustrations cliniques, il y rapporte l'histoire de Katharina. Freud, en vacances dans les monts Tauern, séjourne dans une auberge. Un jour, la fille de la patronne de l'auberge, qui a 18 ans, sachant qu'il est médecin, lui confie en secret les troubles dont elle souffre : il s'agit d'accès d'angoisse marqués par des sensations d'étouffement, de tête lourde et prête à éclater, des vertiges, et l'évocation d'un visage d'homme « horrible » qui la regarde « d'un air effrayant ». Il ne faut pas longtemps à Freud pour la confesser, et pour rapporter l'origine de ces troubles à une série d'événements traumatisants. A plusieurs reprises, et depuis l'âge de 14 ans, elle a été l'objet de tentatives sexuelles de la part de son oncle, qu'elle a toujours repoussées; de plus, deux ans auparavant (elle avait donc 16 ans), cherchant son oncle partout dans la maison, elle avait trouvé verrouillée la porte de la chambre de celui-ci; elle avait regardé dans cette chambre par une lucarne, et vu son oncle « couché sur » sa cousine... alors étaient apparus les troubles qui l'affectent depuis, et qui selon Freud sont de nature hystérique[1]. Cette observation est remarquable parce qu'aux tentatives de séduction succède la perception de rapports sexuels, activement recherchée par Katharina... C'est là l'une des premières observations rapportées par Freud sur le thème de la « scène primitive » (l'observation par l'enfant des rapports sexuels des adultes, et

une analyse est-elle une histoire « reconstruite », dans quelle mesure s'écarte-t-elle de l'histoire « vraie », telle qu'elle aurait pu être notée au fur et à mesure de son déroulement par un « observateur objectif » ? On a objecté que le couple analyste-analysant n'a aucun moyen de répondre à cette question, puisqu'il ne peut travailler que sur ce qui vient en séance (cf. S. Viderman, *La construction de l'espace analytique,* 1970).

1. Freud, dans ces textes, atténue les faits qu'il rapporte, sans doute pour une part en concession aux réticences de Breuer, cosignataire du livre. Il ajoutera en 1924 une note où il précise : « Katharina était non la nièce, mais la fille de l'aubergiste. La maladie de la jeune fille avait donc été causée par les tentatives de son propre père » ; il s'ensuit que Katharina avait vu son père « couché sur » sa sœur...

d'abord de ses parents). Freud, par la suite, verra dans ce type de curiosité, animée par le désir de percer le secret des adultes, mais aussi et surtout par le désir de percer le secret des origines, un moteur essentiel de toute activité intellectuelle, jusques et y compris la curiosité scientifique. Mais il lui faudra d'abord admettre, sans plus de réticences, la sexualité infantile.

Avec sa théorie de la séduction, Freud pense pendant tout un temps avoir trouvé les « sources du Nil » de la psychopathologie. Las... il devra l'abandonner. Le 21 septembre 1897, il écrit à Fliess : « Je ne crois plus à ma *neurotica* (...) la surprise de constater que, dans chacun des cas, il fallait accuser le père de perversion (...) il n'existe dans l'inconscient aucun "indice de réalité", de sorte qu'il est impossible de distinguer l'une de l'autre la vérité et la fiction investie d'affect (...) je ne sais plus où j'en suis... » (lettre citée *in* S. Freud, *La naissance de la psychanalyse*). Freud passe par un moment de découragement : il voit lui échapper la découverte scientifique qui aurait pu faire retenir son nom par la postérité...

Et cependant, peu après, il opère un étonnant rétablissement. Car, se dit-il, ce qui est constant chez l'hystérique, ce n'est peut-être pas qu'elle ait *réellement* subi l'inceste, c'est qu'elle le dise, sans doute le croie, en tous cas le vive... Ce qui est important, c'est « la fiction investie d'affect ». Ainsi est née la notion de *fantasme*, et peut-être, avec elle, la psychanalyse.

Une telle approche du problème donnait son plein sens au pari initial de Freud : considérer que l'hystérie — et, par extension, ce qu'il nomme alors les « psychonévroses de défense » — bien loin de témoigner d'un affaiblissement de la vie psychique, procède au contraire de conflits engageant une intense activité intrapsychique. C'était renouveler profondément l'abord de l'hystérie et des névroses, non seulement au plan théorique, mais aussi quant à leur possible traitement. Il était fréquent en effet jusque-là que le médecin, échouant à trouver les causes *organiques* de tel ou tel symptôme, considère l'hystérique comme une « simulatrice », coupable d'un mensonge plus ou moins délibéré... et s'en désintéresse. Freud constate avec quelle fréquence les hystériques *déclarent* avoir été victimes de manœuvres sexuelles dans leur enfance. Ceci est un fait indiscutable; doit-il les suspecter de mensonge? Il ne peut penser ainsi : le bouleversement affectif qui accompagne ces évocations est trop intense, et les effets de cet événement supposé trop évidents. S'il y a mensonge, il est inconscient. Les désirs et émois incestueux sont, eux, bien réels, mais frappés d'un *refoulement* qui permet au sujet de les méconnaître. Le « retour » de ce refoulé, ce sont les symptômes hystériques : « l'hystérique souffre de réminiscences ».

Si cette histoire mérite d'être ici rapportée, c'est parce qu'on y voit clairement que la naissance de la psychanalyse est d'emblée centrée sur le thème de l'inceste, réel ou fantasmé. Prolégomènes, donc, à l'émergence de l'Œdipe; mais c'est l'auto-analyse de Freud, et l'analyse des rêves, qui vont véritablement marquer cette naissance.

II. — L'auto-analyse et l'interprétation des rêves

Freud alors s'interroge : est-il si différent des patients qu'il traite? Il a pu repérer chez lui-même certains symptômes qu'il considère comme névrotiques. Peut-être est-il habité des mêmes conflits que ses malades, des mêmes désirs auxquels s'opposeraient les mêmes défenses... Il écrit à son ami Fliess (7 juillet 1897) : « Je continue à ne pas savoir ce qui m'est arrivé. Quelque chose venu des profondeurs abyssales de ma propre névrose s'est opposé à ce que j'avance encore dans la compréhension des névroses, et tu y étais, j'ignore pourquoi, impliqué ». Freud découvre là, dans son expérience personnelle, la force des résistances qui peuvent s'opposer à la liberté de pensée. Selon Didier Anzieu, qui a consacré à l'auto-analyse de Freud un ouvrage qui fait autorité, c'est la première fois que Freud, alors en proie à des humeurs dépressives et à une inhibition au travail qui l'inquiètent, emploie le terme de « névrose » à propos de lui-même (Anzieu, 1975).

C'est le début d'une aventure étonnante, improbable, son auto-analyse. Il considérera, à juste titre, qu'il y fallait un certain héroïsme : il est si tentant, et au fond si facile, de se cacher des vérités déplaisantes, de se mentir à soi-même... Freud eut incontestablement du courage en cette entreprise; cependant, on admet généralement que cette auto-analyse ne put se développer que favorisée par un « transfert » sur la personne de son ami Fliess (« Tu y étais, j'ignore pourquoi, impliqué », lui écrivit-il).

Son père, Jacob Freud, est mort en octobre 1896. Sigmund en a été très affecté : « C'est l'événement le plus important de la vie d'un homme », dira-t-il plus tard. Il analyse ses sentiments face à cette mort de son père, et constate leur ambivalence. Certes, il l'aimait; cependant, les souvenirs affluant — comme dans tout travail de deuil — il retrouve l'évidence de moments où il a pu souhaiter sa disparition, de moments où il aurait bien préféré être seul à jouir de l'amour de sa mère... Il exhume des souvenirs oubliés, qui en témoignent, et qui parfois se présentent d'abord sous une apparence innocente et trompeuse[1]. Il fait et note des rêves qui eux aussi en témoignent. Or cela fait un certain temps que, écoutant ce que lui disent ses patients, il y remarque les récits de rêves, et tente de leur prêter sens.

Freud découvre alors progressivement sa méthode d'analyse et d'interprétation des rêves, fondée sur l'uti-

1. Des souvenirs qui peuvent prendre fonction de « souvenirs-écran », en ce que tout à la fois ils traduisent et dissimulent un sens qu'il faut savoir en dégager : le terme « écran » doit être alors pris au double sens de ce qui masque et de ce qui sert de support à une figuration.

lisation systématique des associations ; cette méthode, il l'applique parallèlement et identiquement à ses propres rêves et à ceux de ses patients. Les associations d'idées suscitées par différents éléments du « contenu manifeste » du rêve (dont témoigne le « récit du rêve ») permettent la mise à jour de son « contenu latent ».

Contrairement à ce que pensent en général les sceptiques savants de son époque, il affirme ainsi que les rêves ne sont pas absurdes, qu'ils ne témoignent pas simplement de la désagrégation de l'activité mentale au cours du sommeil. Il soutient, en accord avec toute une tradition populaire, que les rêves ont un sens. Cependant, il ne s'agit pas, comme le croit cette tradition, de prémonitions : les rêves, comme les symptômes, expriment des désirs refoulés et leur ouvrent la voie de satisfactions substitutives sous des déguisements acceptables.

Comme le symptôme hystérique, le rêve exprime un désir ; comme lui, il en est la traduction dans un « langage » spécifique ; c'est un rébus qu'on peut déchiffrer. Ce travail de décryptage, aidé des associations du rêveur, procède en sens inverse du processus de cryptage : il décondense ce que le travail du rêve avait condensé dans son contenu manifeste, restitue le fil des déplacements, met au jour les significations latentes des figurations du rêve.

Freud entreprend alors de rédiger ce qui sera le véritable texte fondateur de la psychanalyse : *L'interprétation des rêves,* publiée en 1900[1]. Cet ouvrage, produit direct de son auto-analyse, lui permet de poser les premières bases d'une théorie générale du fonctionnement psychique. Il y définit pour la première fois le statut de l'Inconscient dynamique, dans un schéma « topique ». Il postule trois instances (le système perception-conscience, le préconscient, l'inconscient), dont il

1. Plus exactement fin 1899 ; mais l'éditeur, Deuticke, préféra imprimer une date qui marquait l'aube d'un siècle nouveau : intuition hautement symbolique...

montre les interrelations « économiques » et « dynamiques » qui caractérisent toute activité psychique.

Il s'agit bien en effet d'une *théorie générale du fonctionnement psychique,* même si elle est déduite de ce qu'en donne à voir le travail du rêve, et même si le « matériel » utilisé dans cet ouvrage est pour une large part constitué par les rêves d'une seule personne, Sigmund Freud lui-même. La compréhension des névroses s'inscrit dans ce cadre, car il n'y a pas de différence essentielle, pas de fossé, entre le névrosé et le « normal » : ceci, qui peut paraître banal aujourd'hui, ne l'est que grâce à Freud : à l'époque, c'était une proposition d'une grande hardiesse[1].

Or, dans cette théorie générale, le complexe d'Œdipe est en position centrale, même s'il n'est pas encore nommé ainsi (il ne le sera que dans un texte de 1910). Si Freud avait été conduit par son travail avec les hystériques à repérer l'importance des désirs sexuels incestueux, ce qui étaye désormais sa conviction, c'est bien son auto-analyse.

Depuis la mort de son père, il remarque la fréquence des rêves « de mort de personnes chères ». Il écrit dans *L'interprétation des rêves* : « Tout se passe, schématiquement, comme si une prédilection sexuelle s'affirmait de bonne heure, de sorte que le garçon verrait dans son père, et la fille dans sa mère, un rival qu'il gagnerait à écarter » (p. 223) « les désirs sexuels — dans la mesure où on peut les nommer ainsi à cet âge — s'éveillent de très bonne heure chez l'enfant, et (...) la première inclination de la petite fille va à son père, celle du garçon à sa mère. Le père pour le garçon, la mère pour la fille, sont donc des concurrents encombrants » (p. 224). A cela les parents eux-mêmes répondent par leurs propres désirs incestueux : « En

1. Toute une psychiatrie de l'époque tendait en effet à instituer un fossé entre le malade mental et « l'homme sain », catégorie à laquelle évidemment le psychiatre considérait appartenir...

général d'ailleurs les parents présentent aussi une prédilection sexuelle : un attrait naturel fait que l'homme gâte sa petite fille, que la femme soutient son fils. L'enfant sent bien vite cette préférence, et s'insurge contre celui des parents qui y fait obstacle » (p. 225). On le comprend alors, « si les modernes sont aussi émus par *Œdipe-Roi* que les contemporains de Sophocle, cela vient (...) de la nature du matériel (...) il faut qu'il y ait en nous une voix qui nous fasse reconnaître la puissance contraignante de la destinée dans Œdipe (...) sa destinée nous émeut parce qu'elle aurait pu être la nôtre (...) il se peut que nous ayons tous senti à l'égard de notre mère notre première impulsion sexuelle, à l'égard de notre père notre première haine; nos rêves en témoignent. Œdipe qui tue son père et épouse sa mère ne fait qu'accomplir un des désirs de notre enfance (...) nous nous épouvantons à la vue de celui qui a accompli le souhait de notre enfance, et notre épouvante a toute la force du refoulement qui depuis lors s'est exercé contre ces désirs. Le poète, en dévoilant la faute d'Œdipe, nous oblige à regarder en nous-mêmes » (p. 228).

III. — **Une remarquable jeune fille**

En octobre 1900, un an après la publication de *L'interprétation des rêves*, Freud reçoit la visite d'un honorable industriel nommé Bauer, qu'il avait eu l'occasion de soigner. M. Bauer est soucieux : sa fille Ida, 18 ans, s'est mise en tête des idées extravagantes, qui risquent de compromettre une amitié, à laquelle il tient beaucoup, avec un couple, M. et Mme K... : ne s'imagine-t-elle pas que, lui, Bauer, a une liaison avec Mme K..., avec plus ou moins la complicité du mari, et que, pour préserver cette situation, il jette sa propre fille dans les bras de M. K... ? Idées absurdes, dit-il ; certes, Mme K... s'est beaucoup occupée de lui à un moment où sa santé fragile le demandait (car, précise-t-il, « ma femme n'est rien pour moi »...), mais c'est une amitié parfaitement honorable. Ne pourriez-vous convaincre Ida, cher Professeur, qu'elle se trompe ? Freud accepte de recevoir la jeune fille, pourtant réticente, et entreprend une cure psychanalytique qui ne durera que trois mois. Il met vite au jour un traumatisme : selon Ida, lorsqu'elle avait 14 ans, M. K..., qui s'était arrangé pour être seul avec elle, avait tenté de l'embrasser ; une nouvelle tentative, deux ans plus tard, l'avait violemment affectée, car M. K... la pressant contre lui, elle avait senti son sexe érigé... Elle s'est sentie trahie par tous ceux qu'elle aimait : M. K..., qu'elle aimait bien ; Mme K..., à qui la liait une intime complicité (peut-être lui devait-elle des informations sur la sexualité, et l'accès à quelques lectures érotiques...), mais qui, pense-t-elle, est la maîtresse de son père ; son père, qui aimerait se débarrasser de son regard gênant en la donnant à M. K... ; sa mère enfin, qui, uniquement préoccupée de la propreté et de l'ordre dans leur appartement, reste étrangère à tout cela... Elle a la sensation d'être au centre d'une conspiration des égoïsmes, et crie sa révolte à un Freud sceptique : il s'agit, pense-t-il, d'un cas d'hystérie ; un cas d'autant plus intéressant que, Ida lui ayant raconté deux rêves particulièrement significatifs, il en conduit l'analyse selon une démarche que maintenant il maîtrise bien. Le cas lui paraît très démonstratif de l'homologie des processus de production du rêve et de production des symptômes hystériques.

Ida interrompt brusquement la cure fin décembre. Mais Freud est en possession de l'essentiel de sa démonstration, qu'il rédige au cours du premier trimestre de 1901, en rebaptisant la jeune fille Dora, et qu'il se propose de publier sous le titre *Rêve et hystérie*[1]. De ce texte remarquable, nous ne retiendrons ici que ce qui est pertinent à notre propos. Dora (Ida) se conduit

1. Pour des raisons mal élucidées, le texte ne sera cependant publié que quatre ans plus tard, en 1905, sous un autre titre, « Fragments d'une analyse d'hystérie » (in *Cinq psychanalyses*).

vis-à-vis de son père en femme jalouse. Elle se sent doublement trahie : par ce père qui, se détournant de son épouse, lui préfère une autre femme au lieu de reporter son amour sur elle-même, Dora ; et par cette autre femme, Mme K..., à qui la liait une amitié dont tout montre qu'elle était fortement érotisée. Bien que Freud ne le commente pas, on voit déjà ici, à la façon dont il rapporte et commente cette histoire, se dessiner en filigrane ce qu'il définira plus tard comme les « deux versants de l'Œdipe » : « positif », le désir de Dora se portant vers son père, et la mère étant la rivale à éliminer ; « négatif » ou « inversé », où par contre son amour se porte vers la mère, le père devenant alors le rival. Certes, pour repérer ainsi dans le cas de Dora le double versant de l'Œdipe, il faut tenir compte d'un complexe jeu de transpositions : l'amour/haine se déplace de la mère vers Mme K..., et du père vers M. K... et vers Freud. Car si Dora a interrompu sa cure au bout de trois mois seulement, c'est probablement parce qu'elle s'est sentie à nouveau incomprise par Freud lui-même. Au cours de ces trois mois, le désir œdipien s'est déplacé vers Freud, mais un Freud décevant par sa méconnaissance de ce mouvement. Il l'admet d'ailleurs à la fin de ce texte célèbre : c'est l'origine de sa théorisation du transfert.

Ainsi, entre 1895 et 1900, Freud a mis en place l'essentiel de ce qui sera la théorie psychanalytique. Son travail avec les hystériques (et plus généralement les psychonévroses), relayé et soutenu par son auto-analyse et par l'interprétation des rêves, l'a conduit à définir les caractéristiques générales de l'appareil psychique, d'un triple point de vue : *topique* (par distinction du système Perception-conscience et de l'Inconscient), *dynamique* (l'opposition des pulsions et des défenses, essentiellement le refoulement), et *économique* (toute la vie psychique étant animée par une énergie spécifique, qu'il baptise « libido »).

Cependant, sa théorie de la séduction lui apparaît grevée d'incertitudes majeures, du fait de la multiplication des cas où une fille innocente aurait été victime des manœuvres sexuelles de son père ; cela finit par lui paraître incroyable. Ainsi qu'il l'écrira plus tard (en 1932), « J'en vins finalement à conclure que ces allégations étaient fausses et j'appris ainsi que les symptômes hystériques découlaient non de faits réels, mais de fantasmes. Plus tard seulement, je me rendis compte que ce fantasme de séduction par le père était, chez la femme, l'expression du complexe d'Œdipe typique. »

Freud cependant ne renonce pas à faire jouer au traumatisme un rôle important. Il soupçonne à juste titre qu'un traumatisme peut en cacher un autre, et sa tendance à remonter le cours de l'histoire le porte à rechercher les plus anciens dans l'enfance. Ceci se heurte à une nouvelle difficulté : comment et pourquoi l'événement a-t-il alors des effets traumatiques ? Freud évoque la peur de l'enfant devant un événement pour lui « incompréhensible », mais pourquoi aurait-il si peur ? En certains textes de 1895-1896, il admet, avec quelque hésitation, que l'enfant peut ressentir une certaine émotion de nature sexuelle, et que d'ailleurs ceci est peut-être plus fréquent chez les garçons que chez les filles... S'il s'agit de fantasmes, la question se pose de façon plus urgente encore : comment peut-on concevoir le développement de tels fantasmes sexuels chez l'enfant ? Ces questions vont le conduire, en quelques années, à une considérable extension de ses vues théoriques. Le conflit œdipien, clairement mis en lumière par l'auto-analyse, va sembler pour un temps quelque peu oublié ; en fait, ce sont ces remaniement mêmes qui vont permettre de fournir le cadre nécessaire à son approfondissement théorique.

Chapitre III

LA SEXUALITÉ INFANTILE

I. — Une sexualité infantile ?

L'observation la plus banale montre combien les enfants sont curieux des choses sexuelles, et particulièrement de tout ce que les adultes croient nécessaire de leur cacher. Il est évident que l'éducation sexuelle, devenue usuelle dans notre société contemporaine, sous forme d'informations données par les parents, l'école, les média, etc., n'était guère de mise au début du siècle. La curiosité sexuelle de l'enfant était le plus souvent réprimée, ses questions risquaient fort de se heurter à un silence réprobateur, ou de ne recevoir que des réponses mystifiantes ou peu crédibles : bébés achetés au marché, apportés par la cigogne ou par le docteur, trouvés dans les choux, etc. Encore moins tolérées étaient les manifestations directes d'une activité sexuelle des enfants : masturbations ou jeux sexuels entre enfants passaient pour des conduites « vicieuses », que toute éducation digne de ce nom se devait de combattre, au nom de la morale et d'un mythe de pureté originelle de l'enfance. Bien que les pratiques éducatives et l'idéologie aient aujourd'hui beaucoup changé à cet égard, il ne faut pas méconnaître que la sexualité des parents reste fondamentalement, et même pour l'enfant le mieux « informé », un domaine réservé, lourd de secrets auxquels il ne peut en aucun cas être « initié » sans grave préjudice.

La publication en 1905 d'un ouvrage que Freud

intitule *Trois essais sur la théorie de la sexualité* ne pouvait manquer, dans le contexte social et idéologique de son époque, de susciter un scandale. Partant d'une analyse des perversions sexuelles de l'adulte, Freud en recherche les racines dans la sexualité de l'enfant[1]. Toutes ses découvertes antérieures l'y conduisaient : des traumatismes sexuels générateurs de névroses étaient souvent repérables dès l'enfance chez les hystériques ; lui-même, dans l'analyse de ses propres souvenirs d'enfance, avait clairement retrouvé les traces d'émois sexuels précoces.

L'étude des « aberrations sexuelles » ouvre un champ nouveau à ses investigations et lui permet de préciser ses hypothèses. Face à l' « inversion » sexuelle (homosexualité), la plupart de ses contemporains se bornaient à un jugement de condamnation ; Freud, lui, recherche une explication. L'hypothèse du « caractère congénital » de l'homosexualité ne lui semble pas satisfaisante, pas plus que celle d' « un événement de la petite enfance ayant eu sur l'orientation de la libido une influence décisive (...) car nombreux sont les individus qui ont connu ces mêmes expériences sexuelles dans la prime jeunesse (séduction, onanisme mutuel) sans devenir pour cela des invertis ». La déviation sexuelle de l' « inverti » concerne principalement l' « objet sexuel » ; or, pour Freud, qui se fonde sur l'idée d'une bisexualité originelle de tout être humain, le choix d'un « objet » masculin ou féminin peut apparaître relativement contingent.

Bien qu'aucune référence directe à l'Œdipe n'apparaisse dans ce texte de 1905, on y voit dès lors comment, pour Freud, cette question relative à l'objet de la pulsion concerne le choix d'objet œdipien. Le versant homosexuel de l'Œdipe est habituellement refoulé chez les névrosés : « chez tous les névrosés (sans exception)

1. Freud a par la suite augmenté ce texte de nombreux additifs ; nous nous en tiendrons dans ce qui en est dit ici au texte de 1905 lui-même.

on constate dans l'inconscient des velléités d'inversion, des tendances à fixer la libido sur une personne de leur sexe ».

C'est plus directement sous l'angle de déviations des « buts sexuels » que Freud a pu montrer comment les perversions de l'adulte s'originent dans la sexualité de l'enfant. C'est ainsi qu'il a défini des « pulsions partielles » propres à la sexualité infantile, comme la « pulsion de voir » ou la « pulsion de cruauté »; leur diversité et leur coexistence permettent, selon un aphorisme de Freud, de considérer l'enfant comme un « pervers polymorphe ». Mais telle ou telle de ces pulsions partielles peut rester prévalente dans certaines perversions adultes, comme le voyeurisme ou les pratiques sadiques. Ainsi, selon Freud, une pratique sexuelle « perverse » chez l'adulte relève de la persistance de satisfactions déjà présentes dans l'enfance, mais qui apparaissent alors hypertrophiées, isolées et exclusives de modes de satisfaction plus évolués.

Dans l'évolution normale de la sexualité, ces « pulsions partielles » de l'enfance sont progressivement intégrées dans la sexualité adulte; elles s'y retrouvent notamment, à peine transposées, dans ce qu'on nomme les « plaisirs préliminaires ». Ces derniers incluent également les plaisirs liés à l'excitation de zones érogènes autres que la zone génitale devenue prioritaire chez l'adulte, principalement la bouche et l'anus. Freud souligne ainsi l'existence et l'importance des zones érogènes orale, puis anale, dites prégénitales[1]. Il insiste particulièrement sur la fonction auto-érotique du suçotement, et sur l'importance de l'érotisme anal dans la masturbation infantile et dans les expériences érotiques de l'enfance. L'excitabilité de ces

1. « Prégénitales » parce que précédant la prévalence de la zone génitale. On trouve là l'assise de ce qui sera plus tard la théorie des « stades » libidinaux (oral, anal, phallique). La question sera reprise plus loin, chapitre IV).

zones érogènes prégénitales, prévalentes dans l'enfance, reste inscrite et tend à se réactiver dans toute expérience érotique de l'adulte. Elles viendront s'intégrer dans la sexualité génitale de l'adulte, comme en témoigne de la manière la plus courante le baiser.

L'excès de refoulement de ces survivances infantiles peut produire des symptômes névrotiques : « On trouve dans l'inconscient, dans le cas des psychonévroses, une tendance aux transgressions anatomiques, qui se traduit en symptômes morbides ; et parmi ces transgressions, avec une intensité particulière, celle qui donne aux muqueuses anale et buccale une valeur de zone génitale. » Ce qui persiste de manière prévalente et manifeste chez le pervers est refoulé chez le névrosé. D'où le célèbre aphorisme freudien : « La névrose est pour ainsi dire le négatif de la perversion. »

Comme il était prévisible, cet ouvrage, qui rapprochait dans un même champ théorique, et sous le signe de la sexualité, l'enfant, l'adulte pervers, l'adulte névrosé (mais aussi bien tout un chacun...), suscita quelque émotion. Par la suite, il contribua à alimenter les critiques adressées au « pansexualisme freudien ». Afin d'éviter un malentendu, il faut ici souligner les principaux aspects de ce que Freud s'attachera de plus en plus, dans la suite de son œuvre, à définir comme *psycho-sexualité* :

— Le corps est d'emblée considéré comme l'origine de pulsions (dont la « source » est biologique) et le siège d'excitations qui animent la recherche de la satisfaction. En 1905, Freud s'attache surtout à définir la sexualité infantile comme centrée sur le « plaisir d'organe » et les satisfactions auto-érotiques, laissant en filigrane ses découvertes antérieures sur le rôle du fantasme et sur tout le travail psychique qui vient se greffer sur ces bases pulsionnelles. Ce n'est qu'un peu plus tard dans son œuvre qu'il pourra réintégrer ces découvertes en un ensemble cohérent. Dans les années 1905 à 1910, on verra en effet se multiplier les approches théoriques qui remettront l'accent sur le travail du fantasme. Il montrera comment ce travail, intégrant les ancrages infantiles de la sexualité peut, selon les cas, déboucher sur des formations conscientes (productions imaginaires, rêveries éveillées, etc.), ou au contraire sur des formations rejetées vers l'inconscient par le refoulement.

— Il faut ajouter que les manifestations infantiles de la sexualité ne prennent leur véritable fonction qu'en après-coup. Ceci est particulièrement évident en ce qui concerne les perversions. Lorsque Freud dit de l'enfant que c'est un « pervers polymorphe », il ne lui impute nullement une quelconque « déviation » sexuelle ; bien au contraire, il dénonce les préjugés des éducateurs qui « poursuivent comme vice toutes les manifestations sexuelles de l'enfant ». La fixation exclusive du pervers adulte à certaines composantes de la sexualité infantile sera clairement comprise comme une *régression* : régression devant l'Œdipe réactualisé et revécu à la puberté après une « période de latence », et retour à des fixations prégénitales. C'est alors une organisation nouvelle qui se fait jour, spécifiquement adulte, dans laquelle la « fixation » infantile prend une fonction dynamique particulière et des significations nouvelles.

La sexualité infantile culmine, selon ce texte de 1905, vers la troisième ou la quatrième année, âge auquel « elle se manifeste déjà sous une forme accessible à l'observation », cependant qu'il « paraît certain que l'enfant apporte à sa naissance des germes de mouvements sexuels ». Ces émois sexuels sont ensuite mis « en latence » jusqu'à leur réactivation pubertaire, qui instaure la sexualité adulte sur les bases biologiques de la maturité génitale. C'est pendant la période de latence que « se constituent les forces psychiques qui feront obstacle aux pulsions sexuelles et, telles des digues, limiteront et resserreront leur cours ».

Il est frappant de constater qu'il n'est pas question de l'Œdipe dans la première édition des *Trois Essais*. Il est bien évident cependant que la période de 3-4 ans, marquée par la fréquence des masturbations et l'insistance des questions témoignant d'une curiosité sexuelle, correspond à l'acmé du conflit œdipien, ce que Freud ne manquera pas de souligner plus tard. Quant à la période de latence qui lui succède, elle sera marquée par l' « amnésie infantile », et par un refoulement de la fantasmatique et des désirs œdipiens de l'enfance. Nous reprendrons plus loin (chap. VII) les questions théoriques posées par le déclin du complexe d'Œdipe : celui-ci est-il seulement refoulé, ou plus ou moins « détruit », en va-t-il de même pour le garçon et pour la fille ?, etc.

Il reste que ces considérations fondamentales relatives à la sexualité infantile constituent une assise majeure du développement ultérieur de la théorie de l'Œdipe : seule en effet la sexualité infantile, ainsi comprise, peut permettre de rendre compte de l'acuité des conflits œdipiens.

Si ces conflits peuvent devenir si aigus, c'est que le désir œdipien se heurte chez l'enfant à un double obstacle. Le premier obstacle, et le plus évident, réside dans l'interdit et la menace de punition édictés par les parents (Freud dira : essentiellement le père, dont la mère est porte-parole). Mais l'obstacle à la réalisation du désir incestueux réside aussi dans l'état de dépendance et de relative impuissance qui caractérise l'enfance. Freud a très tôt souligné l'importance dans le développement psychique de cette « impuissance originelle de l'être humain », thème sur lequel il reviendra souvent[1]. Ainsi doublement barré, le conflit anime toute une vie fantasmatique qui, sous l'effet du refoulement, est rejetée dans l'inconscient, mais qui n'en exerce pas moins ses effets.

1. Ce thème sera plus tard théorisé en psychanalyse en reprenant les idées de Bolk sur la « néoténie » (l'homme naît inachevé, il lui faudra des années ensuite pour terminer son développement).

II. — L'Œdipe chez l'enfant : un charmant petit garçon...

Vers 1905, Freud, tout plein de ces nouvelles idées, aimerait bien en trouver une confirmation directe, par l'observation d'enfants. Lorsqu'on conduit le traitement psychanalytique d'un adulte, on arrive, « de par la découverte des formations psychiques accomplies par stratifications successives, à certaines hypothèses sur la sexualité infantile, dans les composantes de laquelle (on) croit avoir trouvé les pulsions dynamiques de tous les symptômes névrotiques de la vie ultérieure (...on peut cependant souhaiter) une démonstration plus directe, obtenue par des chemins plus courts, de ces propositions fondamentales. Serait-il donc impossible d'observer directement chez l'enfant, dans toute leur fraîcheur vivante, ces impulsions sexuelles et ces formations édifiées par le désir ? (...) c'est dans ce but que, depuis des années, j'incite mes élèves et mes amis à recueillir des observations sur la vie sexuelle des enfants » (Freud, « Analyse d'une phobie chez un petit garçon de cinq ans », 1909).

Depuis quelque temps, il réunit en effet chez lui, le mercredi soir, quelques collègues et amis ; on y discute de psychanalyse. Or voici que l'un des participants de ces réunions, Max Graf, lui fait part de ses inquiétudes en ce qui concerne son petit garçon, Herbert. C'est un enfant intelligent, spontané, à la curiosité très éveillée, qui semble heureux. Cependant, depuis quelque temps, il se conduit de façon étrange : il a peur des chevaux, peur qu'un cheval ne le morde, ou tombe et fasse « du charivari avec les pieds » (il faut rappeler ici, bien sûr, que les chevaux étaient nombreux dans les rues de la Vienne de l'époque). Il va jusqu'à refuser de sortir pour éviter de tels événements, mais passe beaucoup de temps à la fenêtre : les Graf habitent en face d'une gare de marchandises, et on peut, de cette fenêtre, voir incessamment y arriver ou en partir des charrettes tirées par des chevaux.

Tout le comportement d'Herbert montre qu'il est en train de développer une phobie. Le père soumet le problème à Freud et lui demande ses conseils. Commence alors une étonnante aventure, dont Freud relatera les péripéties dans un texte où il rebaptise l'enfant Hans[1]. C'est le père qui conduit la « cure », essentiellement en questionnant l'enfant et en lui fournissant des explications, sous le contrôle de Freud, qui en fait ne verra lui-même l'enfant qu'une fois (mais la référence au « Professeur », dans ces dialogues du père et du fils, prendra une grande importance). Le texte de Freud, qui comme tous ses textes cliniques se lit « comme un roman » (l'expression est de lui), est d'une très grande richesse clinique, étayée par de fréquentes citations littérales des notes prises au jour le jour par le père.

Il s'agit donc d'abord, pour Freud, de donner là une « démonstration » directe des thèses sur la sexualité infantile qu'il avait avancées dans les *Trois Essais*. Il est notable que l'Œdipe revient ici au premier plan. Ce retour marque une étape importante, car Freud articule là le complexe d'Œdipe avec ce qui restera majeur dans toute théorisation ultérieure de la problématique œdipienne : le *complexe de castration.*

Freud s'attache à mettre en évidence la complexité des processus dynamiques en jeu dans la genèse de la phobie des chevaux de Hans. Rappelons que par « dynamique » on désigne tout ce qui est de l'ordre des conflits qui incessamment opposent pulsions et défenses. En ce qui concerne les pulsions, Freud montre, sur les déclarations mêmes de Hans, qu'il s'agit bien de pulsions *sexuelles* ; quant aux défenses, il apparaît qu'elles sont chez ce petit garçon remarquablement variées, et souvent exprimées avec un humour dont s'enchante Freud, qui le qualifiera de « charmant petit garçon ».

1. Texte publié en 1909 sous le titre « Analyse d'une phobie chez un petit garçon de cinq ans (le petit Hans) », et qu'on trouve dans le volume *Cinq psychanalyses.*

Hans est animé d'une vive curiosité en ce qui concerne le corps et les organes génitaux. Il pense que tout le monde a un pénis semblable au sien (qu'il appelle un « fait-pipi », *wiwimacher*), et même que c'est ce qui distingue les êtres animés des autres. Il suppose que chez les adultes il est plus grand : il s'efforce donc de vérifier la chose en ce qui concerne ses parents. Lorsque naîtra une petite sœur, il l'observe au bain, et ne peut se résigner à abandonner sa théorie : il déclare que son « fait-pipi » est « encore petit », mais se console en déclarant qu'il grandira...

De son propre pénis, il tire d'agréables sensations lors de masturbations au lit dont il ne fait guère mystère. Il aimerait bien que sa mère participe à ces plaisirs, et d'abord qu'elle le prenne dans son lit. La mère s'y prête assez volontiers, en particulier pour des câlins du matin, mais aussi à l'occasion d'angoisses nocturnes. L'excitation sexuelle de Hans est alors patente, sous-tendue par les fantasmes concernant les relations sexuelles des parents, et son désir d'y prendre la place du père. Ainsi du rêve suivant : « Il y avait dans la chambre une grande girafe et une girafe chiffonnée, et la grande a crié que je lui avais enlevé la chiffonnée. Alors elle a cessé de crier, et alors je me suis assis sur la girafe chiffonnée. » Interprétation, plausible, du père et de Freud lui-même : la grande girafe « qui crie » figure le père, la girafe « chiffonnée » la mère.

Le désir de Hans est donc de chasser le père du lit de la mère, et de prendre sa place. Le père cependant s'y oppose, il désapprouve explicitement ces visites de Hans dans son lit. Voici posés les termes du conflit : « Il est vraiment un petit Œdipe, qui voudrait "mettre de côté" son père, s'en débarrasser, afin d'être seul avec sa jolie maman, afin de coucher avec elle. »

Hans imagine bien des transgressions possibles. Mais il craint la colère de ce père que par ailleurs il aime tendrement. Et, à la faveur de certaines menaces, il craint d'être puni par là-même où il pécherait : par l'amputation de ce si précieux pénis. Bien qu'il tente de se réassurer en affirmant : « mon fait-pipi à moi est bien enraciné », il commence à penser qu'on peut en être privé : lorsque naît la petite sœur il voit bien qu'elle n'en a pas, malgré sa tentative de déni (il grandira)... Au cœur des fantasmes œdipiens de Hans, Freud situe donc l'angoisse de castration, dont témoignent abondamment les rêves et les fantasmes de l'enfant, et dont il donne ici la première description cohérente. Cette angoisse va dès lors tenir dans la théorisation du conflit œdipien, et le problème de sa « résolution », un rôle central (cf. Green, 1990; Le Guen, Oppenheimer et Perron, 1991).

Cette angoisse s'alimente chez Hans à de nombreuses sources, et sa curiosité se heurte à bien des obstacles. Ainsi, il feint de croire que Anna, sa petite sœur, a été « apportée par une cigogne », mais dans quoi? une charrette, une « voiture de cigogne »? il a bien vu que maman avait un gros ventre : d'où une équivalence avec la voiture lourdement chargée. Si Anna y était, comment y est-elle venue, et comment, par où, en est-elle sortie, « tombée »? (*niederkommen*, mettre bas, accoucher; cela surdétermine la crainte que le cheval ne tombe). Peut-être par l'anus, à la façon d'un *lumpf*? (c'est ainsi que Hans désigne le produit de ses défécations). Dès lors, les hommes, les garçons, Hans lui-même, peuvent-ils avoir des enfants? ses parents lui donnent là-dessus des indications contradictoires... Il a entendu, le jour de l'accouchement (à la maison) les gémissements de sa mère, et vu sortir de la chambre une cuvette d'eau rougie; surpris, il a déclaré : « Il ne sort pas de sang de mon fait-pipi à moi... » C'est bien la menace de castration qui constitue la source vive de l'angoisse, une angoisse qu'expriment ses rêves et ses rêveries éveillées. Ainsi, raconte-t-il à son père : « Je suis dans la baignoire, alors le plombier arrive et la dévisse. Il prend alors un grand perçoir et me l'enfonce dans le ventre »; et, à un autre moment : « Le plombier est venu, et m'a d'abord enlevé le derrière, avec des tenailles, et alors il m'en a donné un autre, et puis la même chose avec mon fait-pipi... »

Mais pourquoi cette angoisse s'exprime-t-elle sous forme de peur des chevaux ? Les chevaux possèdent un très grand pénis, et Hans, bon observateur, n'a pas manqué d'en remarquer les dimensions... Un très grand pénis comme, suppose-t-il, son propre père. La phobie se comprend alors comme produit d'un déplacement. Hans craint que la castration ne lui soit infligée par son père, en punition de ses désirs incestueux, et d'abord d'une masturbation dont pourtant il tente bravement de s'abstenir ; mais il lui est difficile d'admettre qu'un châtiment si cruel lui soit infligé par ce père attentif et que par ailleurs il aime tendrement : d'où le déplacement de l'angoisse sur les chevaux...

Si ce texte de 1909 où Freud relate et commente l'« analyse » du petit Hans reste si vivant, c'est sans doute qu'y sont rapportés tout au long les dialogues du fils et du père, des dialogues dont « le Professeur » apparaît comme la figure tutélaire. On y voit bien, dans leur vérité quotidienne, les relations de l'enfant et de ses parents. Freud y analyse l'opposition dynamique des pulsions et des défenses, et, sur cette base, l'articulation des désirs œdipiens avec le jeu complexe des identifications à l'un et l'autre parents (ces questions seront reprises plus loin, chap. VI).

III. — Les théories sexuelles infantiles et le roman familial

Aux yeux de Freud, l'observation du petit Hans a amplement confirmé l'importance de la curiosité sexuelle : présente dès l'enfance, elle ne cessera jamais d'animer les questionnements de l'adulte. Elle subsiste toute la vie, non seulement de la façon la plus directe comme moteur de tout désir et de toute expé rience sexuelle, mais aussi, sous une forme déplacée ou sublimée, dans toute recherche de connaissance et d'explication.

On peut résumer ainsi les multiples questions de Hans : pourquoi les filles n'ont-elles pas comme moi un fait-pipi ? serait-ce qu'il est tout petit mais grandira, ou bien le leur aurait-on coupé ? est-ce que je ne risque pas de perdre le mien ? comment sont faits les fait-pipi des grandes personnes, et d'abord de maman, de papa ? et d'où viennent les enfants ? dans quel lieu mystérieux du corps se développent-ils, comment y sont-ils venus, comment et par où en sortent-ils ? qu'ont pu faire ensemble les parents pour cela ? en tirent-ils du plaisir, comme moi de mon fait-pipi, ou bien est-ce que cela fait mal à maman ?, etc.

Il ne faudrait pas se hâter de déclarer qu'il s'agissait là d'un enfant du début du siècle, et que nos enfants sont aujourd'hui mieux éclairés : l'éducation sexuelle, au demeurant fort inégalement dispensée selon les cas (et souvent par de tout autres voies que familiales...), laisse nécessairement dans l'ombre des questions essentielles. Il est fréquent d'ailleurs qu'une information exacte du point de vue adulte soit récusée comme incompréhensible ou incroyable par l'enfant, surtout si elle risque d'éveiller une charge excessive de représentations, d'affects, de fantasmes... De sorte que restent longtemps sans solution acceptable les deux questions fondamentales, qui concernent d'une part la différence des sexes, et d'autre part la conception et la naissance des enfants. Ces questions, qu'on retrouve dans toutes les mythologies, constitueront les deux grands axes suivant lesquels s'organise le complexe d'Œdipe. Chez l'enfant, elles sont évidemment sous-tendues par cette question plus fondamentale encore : d'où suis-je moi-même venu ?

A ces questions, qui animent la quête d'informations et un intense travail de réflexion, l'enfant tente de donner des réponses en élaborant, plus ou moins explicitement, des « théories sexuelles »[1]. Ces théories, souligne Freud, sont inévitablement erronées, du fait de l'insuffisance et du caractère lacunaire des connaissances auxquelles l'enfant a accès (nous ajouterions : et de ses résistances à leur accès) ; « mais chacune d'elles contient pourtant un fragment de pure vérité ». Freud les compare aux solutions « que tentent de donner les adultes aux problèmes que pose le monde et qui dépassent l'entendement humain ». Il fonde là l'une de ses idées majeures : toute curiosité (ou, comme on le dira parfois dans un certain jargon, toute activité intellectuelle animée par une « pulsion épistémophilique ») dérive, en dernière analyse, de ces curiosités sexuelles. Il s'agit en effet toujours, fondamentalement, de répondre à une triple question : d'où ça vient ? comment c'est fait, et comment ça marche ? qu'est-ce que ça deviendra ? autrement dit, il s'agit de questions sur les origines, sur le fonctionnement, sur le devenir ; ce sont bien les questions essentielles de toute recherche scientifique. L'enfant qui élabore des « théories sexuelles » ne se comporte pas autrement, avec ses moyens propres, que le savant. Le risque est que sa curiosité même soit condamnée, et que l'interdit de savoir se généralise : ainsi s'expliquent certaines inhibitions intellectuelles ultérieures.

L'année même où il publie son observation du petit Hans, Freud publie, sous le titre « Le roman familial des névrosés », une brève étude portant sur un autre aspect des constructions élaborées par l'enfant lorsqu'il tente de répondre à ces questions sur ses propres origines (Freud, 1909). Il est d'observation banale que certains enfants traversent une période où ils se racontent (en général en secret) une histoire d'enfant adopté, selon laquelle leurs parents ne sont pas leurs vrais

1. Au moment même où il commence à rédiger son observation du petit Hans, Freud publie sur ce sujet un article qui s'en inspire largement (Freud, 1908*a*).

parents. L'enfant, dit Freud commentant cette observation, tient d'abord ses parents pour modèles et sources de tout pouvoir et de toute qualité, il souhaite leur ressembler. Mais d'inévitables déceptions les dévalorisent : alors leur figure mythique ressurgit, parée de toutes les qualités, sous les espèces de parents imaginaires; ceci s'exprime dans des jeux, des rêveries diurnes, etc. Mais, à la faveur de ces productions imaginaires, les deux parents se voient assigner un destin différent lorsque l'enfant fait sien l'adage juridique *pater semper incertus est, mater certissima* : on sait bien que la mère est la mère... mais le père? d'où le développement de rêveries sur de possibles infidélités de la mère. C'est la filiation même qui se trouve mise en question. On voit comment ceci peut se greffer sur la problématique œdipienne, puisque s'y trouve reprise la rivalité avec le père, sa dévalorisation par un rival heureux, les fantaisies concernant les situations érotiques où la mère a pu se trouver, etc.

La mythologie grecque abonde en romans familiaux. Que le problème fondamental concerne la différence des sexes et la différence des générations, et que le thème de la castration y apparaisse, c'est ce que montre bien l'histoire d'Agdistis, un être hermaphrodite issu de Zeus. Les dieux, jaloux de cette complétude sexuelle, l'émasculent. Le pénis, jeté sur le sol, s'y transforme en amandier. Vient le printemps, et poussent des amandes. Une nymphe, joliment nommée Nana, vient à passer par là; elle cueille une de ces amandes et la loge en son sein. Elle en est enceinte d'un garçon, Attès, qu'elle abandonne et qui, élevé par un bouc, devient un jeune homme d'une surprenante beauté. Agdistis, femme depuis qu'il (elle) est privé(e) de sa partie virile, s'en éprend, au moment même où il va épouser la fille d'un roi. A l'apparition d'Agdistis, Attès devient fou et s'émascule. On retrouve dans ce mythe les principaux éléments de l'histoire d'Œdipe : une malédiction originelle qui porte sur la confusion des sexes (Attès naît d'un être bisexué ; le terrible destin d'Œdipe est la conséquence des amours homosexuelles de Laios, son père) ; l'abandon de l'enfant maudit ; l'inceste mère-fils, cruellement puni. Mais on y trouve, de plus, répétée, la castration. Celle-ci est punition, mais aussi sans doute tentative d'échapper au drame de la différence des sexes : Attès s'émascule le jour de ses noces, lorsque cette différence lui est signifiée dans l'inceste par sa propre mère.

Nous sommes ici parvenus, en accompagnant Freud dans la « découverte » du complexe d'Œdipe, en 1909. L'histoire cependant ne se termine pas là...

Chapitre IV

UN COMPLEXE ORGANISATEUR

I. — Progrès cliniques et théoriques

Les années qui précèdent la première guerre mondiale sont pour Freud des années d'intense activité. Il a maintenant des élèves enthousiastes, son audience internationale se développe, il fonde en 1910 l'Association Psychanalytique Internationale. Il traite de nombreux patients, et l'un d'entre eux, l' « Homme aux Loups », lui donnera l'occasion de préciser sa conception du complexe d'Œdipe sur des points majeurs.

Il s'attache à mieux définir les concepts qui fournissent les assises de la théorie psychanalytique, en particulier en ce qui concerne la pulsion, l'inconscient et le refoulement. En 1915, il publie une série de textes[1] dans lesquels il précise ces notions fondamentales, qui constituent les bases de sa « métapsychologie », déjà données pour l'essentiel dans l'*Interprétation des rêves* (1900). Cette métapsychologie, véritable architecture de l'ensemble de la théorie psychanalytique, se propose d'articuler trois modes complémentaires de compré-

1. Regroupés en traduction française dans un recueil qui porte le titre *Métapsychologie*. Ce terme, consacré par l'usage, peut prêter à critique et à malentendus. En tant que théorie générale du fonctionnement psychique, la psychanalyse est, de l'aveu même de Freud, une psychologie. Le terme *méta*-psychologie vise à souligner qu'y est centrale la notion d'inconscient dynamique (en désignant par là le jeu de processus écartés de la conscience par des mécanismes actifs, notamment le refoulement), *au-delà* de la seule prise en compte du conscient par d'autres théories psychologiques.

hension des faits cliniques. Rappelons qu'il s'agit de trois points de vue fondamentaux, dits « économique », « dynamique » et « topique ». Le point de vue économique concerne directement la notion de pulsion, proche de celle de libido : la libido est définie comme l'énergie de base des mouvements pulsionnels, lesquels tendent à une « décharge » qui apporte satisfaction et plaisir. Le point de vue dynamique tient compte du jeu complexe des pulsions et des défenses, ces dernières s'opposant à la satisfaction trop directe des pulsions ou permettant de leur trouver des issues compatibles avec les exigences de la réalité et de la morale. Le point de vue topique enfin, sans doute le plus original et le plus spécifique de la théorie psychanalytique, définit trois « instances » complémentaires : par opposition au Conscient, l'Inconscient est le « lieu » d'inscription des représentations et des souvenirs refoulés, une troisième instance, le Préconscient, se situant comme lieu de passage de l'un à l'autre[1].

Il est notable que, dans ces reformulations, Freud accorde une importance croissante au point de vue dynamique. Ses travaux cliniques le montrent bien : ce qui lui paraît essentiel au cours de cette période, c'est d'analyser les mouvements conflictuels, avec leurs flux et reflux dans le sens de désorganisations et de réorganisations, mais aussi leur équilibre général. Car il ne s'agit pas de conflits isolés, juxtaposés sans liens les uns avec les autres. Tout conflit remet en question l'organisation globale, dont l'équilibration est sans cesse menacée par les émergences pulsionnelles, l'angoisse et les aléas de la vie; à cela s'oppose un incessant travail de réorganisation, de rééquilibration.

1. Il s'agit là de la « première topique » freudienne, telle qu'elle est reformulée dans ces articles de 1915 ; Freud proposera ensuite une « seconde topique », que nous évoquerons plus loin (chap. VI). Il faut souligner que les « lieux » définis par cette topique sont purement métaphoriques.

Le complexe d'Œdipe va trouver, dans cet édifice théorique, de nouveaux éclairages. Il est au cœur de la conception dynamique prévalente à cette période de la pensée de Freud, qui le considère comme le « complexe nucléaire » de la névrose; c'est souligner qu'il y joue un rôle organisateur majeur.

Ce rôle organisateur dépasse de loin la genèse et la « pathologie » des névroses. Certes, c'est bien la clinique de ce qu'il nomme les « psycho-névroses de défense » (hystérie, phobies, névrose obsessionnelle) qui conduit Freud à redéfinir les mécanismes en jeu dans ces états; le refoulement y est considéré comme le facteur essentiel de la dynamique pulsion-défense et le « mécanisme de défense » prédominant. Mais cette théorie des névroses participe d'un modèle plus général, qui définit tout fonctionnement psychique. Le complexe d'Œdipe en est la pièce maîtresse. C'est pour l'essentiel son « destin » qui fera la différence entre la « normalité » et les formes de névroses présentant des symptômes gênants, de gravité variable.

L'ensemble des apports théoriques et cliniques qui, dans toute cette période, viennent enrichir la conception du complexe d'Œdipe et de son rôle organisateur se trouvent illustrés de manière particulièrement marquante par le texte consacré à l' « Homme aux Loups ».

II. — Histoire de Serguei

C'est la nuit de Noël. Serguei a tout juste quatre ans (c'est son anniversaire). Il rêve : la fenêtre de sa chambre s'ouvre brusquement, et il voit, sur les branches du grand arbre qui lui fait face, six ou sept loups blancs, immobiles et muets, qui le regardent. Il est saisi d'une angoisse intense, et se réveille. Tel est le rêve que Serguei Pankeiev raconte, vingt ans plus tard, à Freud. Il est venu le consulter de sa Russie natale parce qu'il souffre de troubles graves. Freud est d'emblée particulièrement intéressé par ce cas, qui lui paraît fournir une excellente démonstration du rôle que peut jouer, dans le développement de l'Œdipe, la « scène primitive » (l'observation par le jeune enfant des rapports sexuels des parents). Au terme d'une analyse qui durera quatre ans, de 1910 à 1914, Freud en rédige la présentation, sous le titre « Histoire d'une névrose infantile (l'Homme aux Loups) », paru en 1918 (in *Cinq psychanalyses*).

C'est là un texte remarquable, le plus riche, le plus travaillé, le plus construit probablement des textes cliniques de Freud. A la base de son interprétation du cas, le rêve des loups, dont le patient dit que c'est un rêve répétitif, et que l'étonne la discordance entre l'apparence tout à fait calme des loups et l'angoisse intense qui accompagne la scène. Sur ce rêve bref, dont le caractère énigmatique et la concision mettent au défi le patient et son psychanalyste, le premier développe un réseau serré d'associations, le second avance des interprétations qui débouchent sur une construction d'ensemble.

Alors qu'il n'avait encore que dix-huit mois (cela peut paraître peu croyable mais il faut bien se rendre à l'évidence, dit Freud), l'enfant a assisté, par une chaude après-midi d'été, vers cinq heures, tandis qu'il était censé dormir, à un coït de ses parents ; un coït *more ferarum,* c'est-à-dire la mère accroupie tournant le dos au père debout. L'enfant aurait interrompu la scène par ses cris, et peut-être une selle, mais il était trop jeune pour qu'il en fût vraiment ému. La trace en est cependant restée inscrite, et se réactive plus tard ; on le voit, l'idée du traumatisme « potentiel », et de ses effets en après-coup, reste présente chez Freud vingt ans après sa première formulation. Mais cet effet d'après-coup n'attend plus la puberté ; le traumatisme éclate à quatre ans, à peu près au même âge que dans le cas de Hans, c'est-à-dire, selon ce que pense maintenant Freud, en pleine période œdipienne. C'est la nuit même de son anniversaire que Serguei rêve des loups, rêve que Freud interprète comme une figuration de la scène sexuelle perçue par l'enfant de dix-huit mois.

Mais pourquoi des loups ? Depuis longtemps, sa sœur aînée, avec quelque sadisme, l'épouvante en lui montrant une certaine image de loup dressé sur ses pattes... comme le père durant le coït ; il a été très impressionné par des contes où un loup perd sa queue, où il sert de base à une pyramide de loups dressés qui veulent atteindre un homme réfugié dans un arbre, mais s'épouvante quand cet homme crie « saisissez-le par la queue ! », etc. Les indices se multiplient : les loups figurent le père, mais aussi la castration. Mais pourquoi, dans le rêve, sont-ils immobiles et muets ? ceci, répond Freud, est un procédé classique qu'utilise le travail du rêve pour transposer, déguiser : l'inversion ; l'immobilité, le mutisme, figurent *a contrario* le mouvement et le bruit du coït (en particulier la respiration haletante du père).

Sur la base de cette analyse du rêve, Freud retrace, avec un talent remarquable, l'histoire de cette névrose infantile[1]. En fait, dit-il, les premiers signes de la crise sont apparus avant le rêve, vers trois ans et demi. Cet été-là, les parents étaient partis en couple, en laissant l'enfant, jusque-là aimable et facile, à la garde d'une gouvernante anglaise « un peu toquée », et sujette aux imaginations bizarres ; à leur retour, ils avaient retrouvé un enfant difficile, enclin à un certain sadisme envers les petits animaux, etc. : la crise couvait. Elle se déclare lors de la nuit de Noël, dans le rêve des loups. Suit une période phobique, où prédomine l'angoisse de

1. Ce texte n'est pas en effet l'histoire d'une cure, mais, comme l'indique le titre, l'histoire d'une névrose de l'enfance, telle qu'elle peut être inférée rétrospectivement du « matériel » apporté par le patient, beaucoup plus tard, dans son analyse. Celle-ci n'est donc pas rapportée en tant que telle ; cependant, la lecture de ce texte montre bien comment Freud voyait dans la névrose de l'enfant les bases de la névrose de l'adulte.

castration. Car, dit Freud avec un grand luxe de preuves, l'excitation liée à la reviviscence de la « scène primitive » est chez le petit Serguei chargée de désir et d'angoisse. De désir parce que « l'air réjoui » de la mère lui suggère que c'est là une place enviable : ne pourrait-il, lui aussi, servir à la satisfaction du père en prenant la place de sa mère dans cette scène ?

C'est la première formulation nette chez Freud du thème de « l'Œdipe inversé », ou « négatif » : le désir incestueux du petit garçon se tourne vers son père, et c'est la mère qui fait figure de rivale. Mais ce désir s'accompagne d'angoisse, pour plusieurs raisons. Tout d'abord parce que le coït parental est perçu comme une scène sadique, où le père fait violence à la mère, qui en reste blessée : Serguei n'a-t-il pas aperçu des linges tachés de sang, qui semblent en rapport avec ce que les adultes cachent ; et ne l'a-t-il pas entendue se plaindre, en raccompagnant à la gare le médecin qui la soigne : « Je ne peux plus vivre ainsi... » ? Mais la blessure est peut-être elle-même le prix à payer pour servir, comme la mère, à la satisfaction du père : car les filles n'ont pas de pénis, il le sait bien depuis le jour où sa grande sœur lui a proposé « montrons-nous nos panpans »... Cette absence de pénis est une punition infligée à des garçons ainsi transformés en filles : Nania, sa bonne très aimée, lui a clairement dit que, s'il continue à y toucher, on le lui couperait, et « à cette place il vient une blessure »... Ainsi, pour servir à la satisfaction du père, le prix à payer est la castration. Mais le coït se fera par voie anale, ainsi que le suggère la position du couple dans la scène primitive ; et la sexualité de Serguei, par la suite, en restera très marquée.

Toute cette problématique se traduit chez le petit Serguei par l'entrée dans une période phobique, centrée sur l'angoisse des loups, qui constitue une tentative de réorganisation régressive face au drame œdipien et à l'angoisse de castration. Il sortira de cette période phobique par une reprise du mouvement évolutif conduisant à une réorganisation obsessionnelle très marquée de thèmes religieux. Le Christ s'est sacrifié pour l'amour de son père (« avait-il un derrière? », se demande-t-il avec inquiétude, et la sensation du blasphème). Lui-même, Serguei, est né le jour de Noël (et c'est dans la nuit de Noël, lorsqu'il a quatre ans, que, rappelons-le, survient le rêve des loups). Cette réorganisation obsessionnelle sera ensuite favorisée par l'entrée en scène d'un précepteur incroyant, et aussi sans doute par certaines particularités de la personnalité du père.

Dans ce texte, Freud souligne, pour la première fois avec cette clarté, que le développement d'une névrose infantile, comme de toute névrose, procède par mouvements alternés de *régression* et de *réorganisation progrédiente.* Le petit Serguei est conduit par le mouvement de l'Œdipe positif à des désirs incestueux dont il recherche satisfaction auprès de sa sœur (qui l'avait « séduit » en proposant « montrons-nous nos panpans »), puis de sa bonne très aimée, Nania, substitut maternel évident ; mais Nania formule explicitement la menace de castration. Serguei « parcourut alors un chemin menant de sa sœur par sa Nania jusqu'à son père, de l'attitude passive envers la femme à l'attitude passive envers l'homme, *tout en renouant par là avec la phase antérieure et spontanée de son développement* » (passage souligné par nous). L'angoisse de castration provoque donc un mouvement régressif, où Serguei bascule de l'Œdipe « positif » à sa figure inversée : il souhaite prendre la place de la mère dans la « scène primitive ». Mais alors renaît l'angoisse de castration, non plus comme talion, mais comme prix à payer... Ceci débouche sur un second mouvement régressif où s'opère une réorganisation phobique transitoire. La reprise du mouvement évolutif conduit ensuite à une réorganisation obsessionnelle, qui s'alimente des thèmes religieux mis en valeur par la mère et par Nania. Cette réorganisation, cependant, inclut des aspects régressifs : les thèmes anaux venus du passé y jouent un rôle essentiel, et continueront à marquer la sexualité adulte : c'est pour des troubles liés à cette problématique que Serguei est venu un jour consulter Freud.

La psychanalyse contemporaine a été conduite à accorder un grand intérêt au jeu de ces mouvements régressifs et progrédients, dans la compréhension des dysfonctionnements psychiques, mais aussi dans le processus même de la cure.

III. — L'organisation génitale infantile

En 1923, Freud publie deux articles étroitement liés et complémentaires : l'un est directement consacré au complexe d'Œdipe (Freud, 1923*a*), tandis que l'autre définit l'organisation psychosexuelle qui lui correspond (Freud, 1923*b*). Dans le premier, il affirme d'entrée de jeu la place centrale du complexe d'Œdipe : « De plus en plus, le complexe d'Œdipe dévoile son importance comme phénomène central de la période sexuelle de la première enfance. Puis il disparaît ; il succombe au refoulement comme nous disons, et le temps de latence lui succède » (les questions que pose cette « disparition » seront discutées dans le chap. VII). Le second texte vient compléter la théorie générale de la sexualité. Celle-ci a connu divers remaniements depuis l'ouvrage princeps de 1905, plusieurs fois depuis réédité et augmenté, mais cet article de 1923 en constitue la formulation ultime. Freud met alors en effet le point final à une théorie des « stades libidinaux » qu'il ne remettra plus en question. En voici les grandes lignes.

L'organisation génitale infantile, contemporaine et corrélative de l'épanouissement du complexe d'Œdipe, se caractérise par le primat accordé au pénis ; en même temps, Freud admet enfin sans réserves, contrairement à ses assertions antérieures, que des « choix d'objets » se manifestent dès l'enfance. Il réalise ainsi, sur ce point particulier mais central de sa théorie, une synthèse entre différents courants de sa pensée, une confluence qui est l'aboutissement de vingt ans de réflexion : « la difficulté du travail de recherche en psychanalyse se montre bien en ceci qu'il est possible de passer, malgré une observation s'étendant d'une façon ininterrompue sur des dizaines d'années, à côté de traits généraux et de *rapports caractéristiques* jusqu'au moment où ils finissent par s'imposer à vous sans qu'on puisse les méconnaître » (passage souligné par nous). Cette remarque donne un exemple frappant de l'inlassable recherche de vérité qu'il a poursuivie toute sa vie, à l'encontre et en toute conscience des obstacles — intérieurs autant qu'extérieurs — qu'il eut à surmonter.

1. **Les stades d'organisation de la libido.** — La notion de « stades libidinaux », avec la distinction des stades *oral, anal, phallique,* puis *génital,* est sans doute l'un des thèmes freudiens les plus connus, mais aussi l'un des plus caricaturés et des moins bien compris. En psychanalyse, la notion de « stade » (on parle d'ailleurs plus volontiers de « phases ») ne se réfère pas, comme ce peut être le cas en d'autres domaines, à une stricte succession chronologique : l'apparition de chacun n'implique aucune datation précise, et ne saurait être repérable « objectivement » par une observation directe de l'enfant. L'ordonnancement temporel de ces stades suppose certes l'hypothèse d'une antériorité de chacun par rapport au suivant, mais cette hypothèse est inférée à partir des analyses d'adultes : la hiérarchisation et la succession supposée des stades s'y révèlent au travers des effets de régression liés au processus de la cure analytique et au transfert sur la personne de l'analyste d'émois sexuels d'origine infantile. C'est dire que les strates de chacun de ces stades restent inscrites dans les motions pulsionnelles et les fantasmes incons-

cients : les plus anciennes sont généralement intégrées dans l'organisation psychosexuelle adulte (qui correspond au stade dit génital), mais y restent toujours actives et susceptibles de réactualisations pulsionnelles et fantasmatiques. Comme l'écrit excellemment Jean Laplanche, « il s'agirait d'une succession d'inscriptions d'un même texte, sujet à traduction, transcription et réinscription dans un autre registre (...) L'intérêt majeur de la théorie des stades, de la « scalarisation », est donc de tisser la trame temporelle sans laquelle ne sauraient être mis en place les effets d'anticipation et de retard, d'avant-coup et d'après-coup, qui permettent de comprendre le mécanisme du refoulement »[1].

Lorsque cette notion de stade apparaît dans l'œuvre de Freud, c'est d'emblée avec l'idée que chacun représente un *mode d'organisation* original. Dans la première édition des *Trois Essais* (1905), il n'est encore fait mention que de l'existence des zones érogènes orale et anale, pouvant se substituer à la zone génitale. Cependant, peu après, la pratique clinique attira son attention sur le rôle majeur joué dans la névrose obsessionnelle par l'érotisme anal. Ceci devait le conduire à définir le *stade sadique anal* en tant que moment majeur de l'organisation du psychisme; c'est celui-ci qui lui servira de premier modèle pour la conception généralisée des « stades d'organisation de la libido ».

En 1909, Freud avait publié une observation très démonstrative à cet égard[2]. Il s'agit d'un jeune homme souffrant de troubles obsessionnels graves, qui rendent très difficile sa vie quotidienne. Par exemple, voit-il une pierre au milieu du chemin que suivra peut-être la femme aimée, il pense que cela pourrait faire verser sa voiture : il la déplace donc. Mais à ce nouvel emplace-

1. Introduction au recueil d'articles de Freud intitulé *La vie sexuelle,* PUF, 1970.

2. « Remarques sur un cas de névrose obsessionnelle — l'Homme aux Rats » ; texte publié dans le recueil *Cinq psychanalyses,* PUF, 1970.

ment, elle pourrait aussi causer un accident ? d'où la tentation de la déplacer encore ; mais... Une logique vertigineuse se déclenche alors : quoiqu'il fasse, ou ne fasse pas, il sera responsable ; plus il imagine de parades, plus s'accentue l'évidence de sa culpabilité potentielle. Il est bien conscient de l'absurdité de cette logique, mais ne peut en empêcher le développement.

Il n'est pas difficile d'apercevoir une extrême ambivalence dans ces symptômes et dans les angoisses intenses du patient : ainsi, il ne cesse d'imaginer les accidents dont pourrait être victime, précisément, la femme qu'il aime... Freud, sur la base de multiples indices, met en lumière l'érotisme anal qui constitue la racine la plus évidente et la plus spécifique de cette névrose. L'angoisse du patient se cristallise peu à peu sur un thème qu'il ne peut évoquer qu'avec la plus grande difficulté : récemment, au cours d'une période de service militaire, son capitaine lui a raconté une horrible histoire, celle d'un supplice oriental où l'on introduit dans l'anus de la victime des rats vivants...

Cette observation remarquable, qui par ailleurs servit à Freud de modèle pour définir l'organisation dynamique et la structure de la névrose obsessionnelle, lui permit de souligner les liens étroits du sado-masochisme et de l'érotisme anal. Le stade d'organisation sadique anale intègre donc une référence à l'ambivalence pulsionnelle, ainsi qu'aux retournements qui peuvent s'opérer entre le sadisme et le masochisme, entre l'activité et la passivité. Ces notions ne cesseront plus d'alimenter ses réflexions ultérieures.

On voit donc bien comment, à ce moment de son œuvre, la référence à la sexualité infantile met clairement en relation la pulsion sexuelle et les relations d'objet. C'est dans le même esprit qu'il sera alors conduit à redéfinir un stade d'organisation orale supposé préalable au stade sadique-anal, stade oral dans lequel il voit l'origine de tout investissement d'objet et du fonctionnement psychique lui-même (ces questions seront reprises dans le chap. V). Les stades d'organisation orale et anale seront dès lors dits « prégénitaux », par différence avec le stade « phallique » qui leur succède. Cette terminologie est aujourd'hui bien installée. On peut noter cependant que le caractère spécifiquement infantile de l'organisation phallique pourrait permettre de la considérer elle aussi — mais en un autre sens — comme « prégénitale », si on considère, suivant le point de vue de Freud lui-même, que le terme de *génital* ne peut *stricto sensu* s'appliquer qu'à la sexualité adulte.

2. **Organisation phallique et complexe de castration.** — Freud admet dès lors que « très souvent et d'une façon régulière dans l'enfance un choix d'objet s'effectue déjà, du genre de celui que nous avons présenté comme caractéristique de la phase pubertaire du développement : en ceci que l'ensemble des tendances sexuelles se dirige vers une personne unique et cherche à atteindre son but en elle. C'est là qu'on se rapproche le plus, autant qu'il est possible dans l'enfance, de la forme définitive prise par la vie sexuelle après la puberté » (Freud, 1923*b*). Cependant, ajoute-t-il, « Le caractère principal de cette *organisation génitale infantile* est *ce qui la différencie* de l'organisation génitale définitive de l'adulte. Il réside en ceci que, pour les deux sexes, *un seul organe génital*, l'organe mâle, joue un rôle. Il n'existe donc pas un primat génital, mais un primat du *phallus* » (passages soulignés par Freud).

La primauté accordée au pénis par le petit garçon, dont on a vu des illustrations éloquentes chez le petit Hans, puis chez l'Homme aux Loups, est maintenant supposée concerner la fille autant que le garçon. Ce postulat de primauté du pénis sert de fondement à la théorie générale du *complexe de castration,* dont Freud s'appliquera dès lors à préciser les spécifications masculine et féminine. Tout en reconnaissant que cette théorie, établie à partir de la psycho-sexualité du garçon, ne vaut en toute rigueur que pour celui-ci (la sexualité féminine lui apparaissait plus compliquée et difficile à cerner, et comme le « continent noir » de la psychanalyse), il ne remettra jamais en question ce phallocentrisme fondamental de la problématique de la castration. Il était prévisible que la théorie elle-même fût accusée de phallocentrisme, et elle le fut... C'est là sans doute l'un des points de son œuvre les plus controversés, souvent au sein même de la psychanalyse. Les premières critiques sur ce point sont venues de psychanalystes femmes contemporaines de Freud[1], et n'ont cessé depuis d'alimenter de fécondes discussions et de nouvelles ouvertures de la théorie psychanalytique[2].

Selon Freud, rappelons-le, le petit garçon en vient à craindre que ses désirs œdipiens, frappés d'interdit, lui fassent encourir le risque de perdre son pénis. Cette crainte se renforce de la découverte de la différence anatomique entre les sexes : si les petites filles n'ont pas de pénis, c'est sans doute, pense le garçon, que ce précieux organe leur a été enlevé, et cela peut donc lui arriver à lui-même... Suivant le même présupposé, « tous les humains ont un pénis », la petite fille, découvrant de son côté la différence anatomique, ne peut que penser, elle aussi, que cet organe lui a été enlevé... D'où son désir, supposé irréductible, de réparer ce dommage, de posséder ou de s'emparer du pénis dont elle a été privée (c'est ce que l'on a nommé « envie du pénis », ou encore « revendication phallique »). Pour le garçon, la castration reste à craindre mais peut être

1. Ruth Mack Brunswick, Helene Deutsch, Karen Horney, Melanie Klein, etc. Il serait cependant tout à fait erroné de penser que ces questions ont opposé les psychanalystes en fonction de leur sexe : l'un des premiers et plus vigoureux critiques de Freud sur ce point a été Ernest Jones, l'un de ses élèves les plus proches et les plus fidèles.

2. Voir sur ces problèmes l'ouvrage collectif, aujourd'hui classique, dirigé par J. Chasseguet-Smirgel, 1964), ainsi qu'un travail récent de M. Cournut-Janin et J. Cournut, *La castration et le féminin dans les deux sexes*, 1993.

évitée au prix d'un renoncement à ses désirs œdipiens. Par contre, pour la fille, elle serait d'emblée et irrémédiablement accomplie, l'envie du pénis devenant dès lors l'enjeu de tout accomplissement féminin ; c'est en ce sens que Freud considérera que le désir d'enfant est un substitut de l'envie du pénis.

La théorie freudienne de la castration se fonde donc sur une double théorie sexuelle infantile : celle dite du « monisme phallique » (tout être humain a un pénis, comme le pensait Hans de son point de vue de garçon), ce qui suppose la méconnaissance du vagin, aussi bien chez les filles que chez les garçons ; et celle de la castration, comme ablation possible ou accomplie de cet organe, prenant le sens d'un talion ou d'un châtiment dont le père serait (fantasmatiquement) l'exécuteur pour les deux sexes.

Une telle thèse est évidemment critiquable. Il est incontestable que Freud a méconnu des aspects essentiels de la sexualité féminine : ses tentatives répétées pour combler une lacune de sa théorie, dont il avait bien conscience, sont restées précaires et inabouties. Il peut paraître facile aujourd'hui de tourner ses vues en dérision ; mais il est fréquent qu'on les caricature pour mieux les combattre, et que ces critiques reposent sur une certaine distorsion des textes freudiens, hâtivement lus de façon partisane. Ces critiques sont d'ailleurs souvent entachées d'un réalisme tout à fait inapproprié. Car le point de vue freudien sur la castration, y compris dans sa conception « phallocentriste » de l'organisation génitale infantile, renvoie incontestablement à un *imaginaire* inscrit dans l'inconscient de chacun. L'organisation phallique, telle que Freud l'a décrite, inscrit sa marque dans l'inconscient comme effet d'une *fausse théorie* refoulée, que seule la cure analytique permet de réactualiser et de déconstruire. Du fait même de son statut imaginaire, la castration (fût-elle celle d'un pénis possédé ou d'un pénis envié) devient le prototype *symbolique* de toute perte et de toute incomplétude narcissique.

Il convient de souligner encore ici l'importance de la notion d'*organisation*. Chaque phase du développement réalise en effet une *structure*, au sens pris par ce terme dans les travaux modernes : un système fonctionnel autorégulé qui tend à son équilibration. Chacune de ces phases est *organisatrice*, non seulement de l'état présent du fonctionnement psychique, mais aussi de son état à venir. L'organisation génitale infantile définit ainsi l'Œdipe comme le grand organisateur du fonctionnement psychique, préparant dans la phase infantile de la sexualité l'organisation génitale de l'adulte.

3. **Du « phallique » au « génital ».** — On verra (chap. VII) comment, au sortir de la période de latence, et passée la crise pubertaire, le sujet pourra enfin aborder la réorganisation de la sexualité génitale adulte.

Le chemin de la sexualité humaine, se démarquant ainsi dans l'ordre d'une « psycho-sexualité » de ses ancrages purement biologiques, est long et semé d'embûches : la sexualité humaine constitue un système dynamique d'une extrême complexité, et fragile, ce que chacun, peut constater comme une évidence... On le comprend mieux à la lumière de cette découverte freudienne fondamentale, celle du *biphasisme* de la sexualité humaine, c'est-à-dire son développement en deux temps, l'un qui culmine avec l'Œdipe infantile et l'autre, fondé à la puberté sur la maturité sexuelle, qui en est l'héritier. Point d'aboutissement de la sexualité infantile, et base de la psycho-sexualité adulte, le complexe d'Œdipe ne cessera plus de jouer son rôle d'organisateur central de tous les remaniements qui caractérisent l'évolution du psychisme humain.

Chapitre V

EN DEÇÀ DE L'ŒDIPE

I. — Comment poser la question ?

Dans ce qui précède nous avons tenté de situer au mieux, dans les limites de ce petit ouvrage, comment le complexe d'Œdipe se développe et s'organise. Une question essentielle cependant est restée en suspens : quelles sont ses origines, qu'est-ce qui le précède et le fonde? Personne ne pense que le psychisme du nouveau-né soit suffisamment structuré pour être d'emblée le théâtre de phénomènes aussi complexes.

La question « Qu'est-ce qui précède? », est toujours redoutable, en psychanalyse comme ailleurs. Car, dès qu'on pense pouvoir y répondre en décrivant une phase antérieure, la question rebondit : « Oui, mais... avant ? » De proche en proche, c'est à la question des origines qu'inévitablement on s'affronte. On peut se conforter de pseudo-réponses (le monde a été créé par un acte délibéré de la volonté divine, les êtres vivants inférieurs se créent par « génération spontanée », etc.). On peut aussi tenter des réponses rationnelles : ainsi des théories « préformistes », qui supposent que la structure dont on cherche les antécédents existait en fait déjà, mais sous une forme inaperçue. Cette réponse, qui revient à éluder la question, n'est évidemment pas satisfaisante[1].

1. Qu'est-ce qui permet de comprendre que l'embryon humain devienne finalement un homme ou une femme exactement construit à l'image de ses géniteurs ? réponse préformiste : parce que la matrice

On peut déclarer le problème insoluble, et récuser la question. Elle ne peut cependant guère l'être en psychanalyse, qui depuis Freud allie deux modes d'approche de la structure psychique : sur un premier axe, « synchronique », est recherchée sa cohérence fonctionnelle ; sur l'autre, « diachronique », sont recherchés ses états antérieurs dans l'histoire individuelle. Le complexe d'Œdipe ne peut être compris qu'en articulant ces deux axes. Le problème est en effet de rendre compte de l'*organisation* œdipienne, en faisant pleinement droit aux deux sens du terme « organisation » : en tant que *processus*, par où s'instaure un ordre, un équilibre, une structure fonctionnelle, et en tant que *résultat*, cette structure elle-même. Tout le propos du présent ouvrage est d'apporter quelques éléments de réponse à cette double question. Nous avons dans ce qui précède décrit les grandes étapes du développement de l'Œdipe, mais sans doute aussi préparé la réponse à la question à laquelle sera consacré le présent chapitre : oui, mais... avant ?

Rappelons en effet que Freud, recherchant les sources vives du conflit œdipien, avait été conduit à mettre en évidence trois thèmes : celui de la séduction, sur la base de ses travaux sur l'hystérie ; celui de la castration, illustré par l'analyse du petit Hans ; et celui de la « scène primitive » (les rapports sexuels entre les parents), le cas de l'Homme aux Loups étant tenu pour exemplaire. Sur ces trois thèmes, Freud avait recherché des *événements* inscrits dans l'histoire personnelle du sujet et qui y auraient laissé des traces traumatiques ; mais dans les trois cas il avait été conduit à penser que, en deçà des événements, ce sont

maternelle contenait d'emblée un homme ou une femme parfait mais microscopique, le sperme paternel déclenchant simplement sa croissance... Cette pseudo-explication a été finalement abandonnée lorsqu'on a fait remarquer (au XVIIIe siècle) que, dans ces conditions, Eve devait contenir dans sa propre matrice tous les hommes et toutes les femmes à venir...

les *fantasmes* qui organisent la problématique œdipienne. Fantasmes de séduction, de castration, de scène primitive : ce sont ceux qu'il désigne comme « fantasmes originaires », c'est-à-dire donnés d'emblée à la source de toute organisation psychique, et plus particulièrement de toute organisation œdipienne.

Fantasmes *originaires*, qu'est-ce à dire ? Freud lui-même, lorsque l'histoire individuelle lui paraissait laisser un résidu d'inexpliqué, invoquait la « constitution », c'est-à-dire un ensemble de particularités biologiques de l'individu postulées comme le substratum de ses particularités psychiques. En deçà, il invoquait la « phylogenèse » : si le complexe d'Œdipe est universel, c'est que la préforme en existe en chacun, inscrite d'emblée comme « trace phylogénétique » du meurtre du père de la horde primitive (cf. *supra*, chap. I, C), une trace dont témoigneraient ces fantasmes originaires.

Ces thèses freudiennes en référence à l' « originaire » ont suscité beaucoup de critiques :

— Le terme « phylogenèse » y est pris dans un sens contestable, puisqu'il ne s'agit pas de la succession des espèces, mais seulement de la succession supposée d'états d'organisation sociale et culturelle de l'espèce *homo sapiens sapiens* (ceci en accord avec une version sociologique du darwinisme en vogue au début de ce siècle).

— Freud suppose la transmission de l'acquis, adhérant par là, en dépit de son admiration avouée pour Darwin, à un lamarckisme peu recevable.

— Il va même plus loin en certaines formulations où il reprend la thèse de Haeckel (l'ontogenèse, c'est-à-dire le développement de l'individu, reproduit la phylogenèse, c'est-à-dire le développement des espèces) : témoin ce passage d'une préface rédigée en 1914 pour une réédition des *Trois essais sur la théorie de la sexualité* : « L'ontogenèse peut être considérée comme une réédition de la phylogenèse toutes les fois où cette dernière n'est pas modifiée par une expérience plus récente. La disposition phylogénique transparaît au travers de l'évolution ontogénétique. Mais, au fond, la constitution n'est que le sédiment d'une expérience antérieure, auquel s'ajoute une expérience nouvelle et individuelle. » Or cette thèse de Haeckel ne paraît plus aujourd'hui soutenable, en tous cas sous une forme aussi simple.

— Enfin et surtout, Freud reste obscur sur le point essentiel : si se transmet un « donné premier » de l'Œdipe, dont l'origine serait à situer dans « le meurtre du père de la horde primitive », quelles sont les voies de cette transmission? On ne peut évidemment se contenter d'invoquer une hypothétique inscription dans le matériel génétique de l'espèce : en l'état actuel de nos connaissances, ce ne serait qu'une pseudo-explication. Les facteurs d'une telle transmission sont sans doute ailleurs, à situer dans l'ordre des médiations culturelles et éducatives et de tout ce qui peut venir à l'enfant de l'inconscient parental. Les travaux modernes sur les effets « transgénérationnels » vont dans ce sens (voir par exemple : R. Kaes *et al.,* 1993). Sous des formes qui reprennent certaines thèses structuralistes, l'hypothèse d'une telle inscription d'un « donné premier » de l'Œdipe, d'un « déjà là » du complexe, a pu être discutée par de bons auteurs (Laplanche et Pontalis, 1985); mais il est clair alors que, sur la base de ce donné premier, chaque enfant « construit » sa problématique œdipienne selon des modalités qui lui sont propres. Comme l'a appris l'embryologie, ce qui est donné aux origines de l'ontogenèse, ce n'est pas la structure qui apparaîtra ensuite et dont il faut rendre compte, ce sont ses *conditions de production.*

Sous peine de retomber dans le préformisme, on ne peut donc se borner à penser que l'Œdipe est d'emblée « déjà là », et ne fait que se développer dans une forme tout entière donnée dès l'origine, que ce soit par un « ordre symbolique » préexistant dans la culture et transmis par les parents, ou en vertu d'une « logique interne » du développement psychique, ou par combinaison de ces deux ordres de facteurs[1]. Le point de vue structural est nécessairement à combiner avec une approche ontogénétique, c'est-à-dire avec une recherche de la genèse même du complexe d'Œdipe chez tout sujet particulier. Deux axes peuvent guider cette recherche.

Le premier est celui du développement libidinal : on y considère les phases successives d'organisation du psychisme sous le signe d'une « zone érogène » prévalente sur laquelle se centre l'excitation (source potentielle de plaisir si les tensions qui s'y développent sont satisfaites) et autour de laquelle s'organisent les fantasmes .

Nous avons dit dans ce qui précède que, lors de la crise œdipienne, c'est la zone génitale qui, dans le schéma freudien, constitue la zone érogène prévalente. La spécification de l'organisation génitale infantile comme organisation *phallique* montre bien cependant que la prévalence d'une zone érogène est inséparable d'un certain mode d'organisation symbolique : l'Œdipe s'organise sous le *signe* de la castration, représentée dans l'inconscient comme castration du pénis. Mais ceci est relativement tardif dans le développement psychique de l'enfant, en dépit de ces prodromes de la castration que constituent la perte du sein et la perte des fécès propres aux stades précédents, oral et anal.

Dans la phase orale, la plus primitive, c'est d'abord la bouche qui constitue la zone érogène prévalente, source d'un plaisir autoérotique qui peut persister longtemps chez les « suceurs de pouce ». Mais, ainsi que le montre l'observation la plus banale du nourrisson, la bouche est alors aussi un moyen d'exploration et de

1. Les controverses développées à cet égard en psychanalyse ne sont pas sans analogie avec celles qu'ont suscitées les thèses de Chomsky à propos du langage, et ce n'est évidemment pas par hasard.

connaissance du corps propre en même temps que des objets environnants qui n'en sont pas encore clairement distingués : chacun a pu observer comment le bébé porte à sa bouche les objets qui lui tombent sous la main, aussi bien que sa propre main ou son pied.... A cette première phase dite d' « organisation orale » succède, dans ce schéma freudien, une phase dite d' « organisation anale », où la zone érogène prévalente est l'anus. Avec l'acquisition du contrôle sphinctérien viennent alors au premier plan les sensations liées à l'alternance de la rétention et de l'expulsion des matières fécales. Une signification relationnelle fort importante s'attache à ce double mouvement : il s'agit de donner à la mère, ou de lui refuser, ce qu'elle sollicite en un temps et un lieu bien déterminés. La production des fécès prend alors une valeur dynamique considérable, comme mise en jeu conflictuelle et comme intégration possible de l'amour et de la haine. Les selles elles-mêmes prennent un sens symbolique, celui du « cadeau » donné ou refusé.

Ce schéma freudien des phases du développement libidinal met donc en relation, à chacune de ces phases, deux aspects essentiels : d'une part la prévalence d'une zone érogène organisatrice, et des excitations et des motions pulsionnelles dont elle est le lieu et la source ; et d'autre part les modalités de la relation d'objet. Ce schéma de correspondances a été par la suite considérablement nuancé et enrichi par des auteurs ultérieurs (cf. B. Brusset, 1992).

Le second axe est celui qui envisage plus directement le développement des relations objectales en liaison avec le développement du Moi. Il a été particulièrement étudié par les auteurs postfreudiens, notamment par ceux qui, après Freud et selon ses vœux, ont développé le champ de la psychanalyse de l'enfant. Au premier rang de ceux-ci, il faut inscrire Melanie Klein, dont l'apport théorique à la psychanalyse a été considérable, ainsi que sa propre fille, Anna Freud.

Avant d'envisager dans la suite de ce chapitre quelques-uns de ces nouveaux éclairages, il faut lever un préalable concernant la notion même d' « objet ». Le terme est en effet affecté en psychanalyse d'une certaine ambiguïté, car il peut prendre au moins trois sens. En un premier sens, on parlera d' « objet de la pulsion » pour désigner le support et l'agent possible de sa satisfaction ; en un second sens, il s'agira donc tout naturellement de la *personne* dont cette satisfaction est attendue[1]. Cependant, à en rester là, on se situerait dans le cadre d'une psychologie de la conscience et du comportement ; le psychanalyste postule que l'investissement de telles relations interpersonnelles procède pour une large part d'une dynamique inconsciente et de fantasmes dont les protagonistes sont des *objets internes* inscrits dans le psychisme par l'histoire individuelle[2].

Cette multiplicité de sens peut être déplorée ; et l'on peut tenter de réduire les malentendus possibles par l'usage plus explicite de termes tels que « objet de la pulsion », « objet externe », « objet interne ». Mais cette ambiguïté est féconde : car elle reflète, en fait, un problème essentiel, celui des correspondances entre les protagonistes du fantasme porteur de désir et les personnes réelles — ou, plus généralement, de la correspondance entre « réalité psychique » et « réalité du monde extérieur », pour reprendre les termes mêmes de Freud.

On peut cependant, lorsqu'on s'interroge sur la psychogenèse, mettre l'accent sur l'une ou sur l'autre de ces réalités. On peut en effet se demander comment

1. A peu près au sens où l'amant de notre littérature classique du XVIIe siècle évoquait « l'objet de sa flamme »...

2. On peut tenir pour à peu près synonyme le terme d' « imago », défini par le *Vocabulaire de la Psychanalyse* de Laplanche et Pontalis comme « prototype inconscient de personnages qui oriente électivement la façon dont le sujet appréhende autrui ». Le terme « imago », emprunté par Freud à Jung, semble aujourd'hui moins employé dans la littérature de langue française, qui utilise plus volontiers le terme « objet interne », plus marqué, lui, par ses origines kleiniennes.

l'enfant constitue progressivement les objets du monde extérieur — y compris ces « objets » très particuliers que sont les personnes — et leurs répondants internes, c'est-à-dire leurs représentations. Cette première question est commune à la psychologie développementale et à la psychanalyse ; cependant, cette dernière doit nécessairement l'articuler avec une seconde question, qui concerne le jeu des « objets internes » dans le fantasme, un jeu pour l'essentiel inconscient. Ces deux lignes de pensée ont été explorées par Freud ; mais par la suite elles ont donné lieu à des théorisations passablement divergentes ; nous en évoquerons rapidement quelques-unes.

II. — **Origines de la relation d'objet**

Si l'on recherche les prodromes du complexe d'Œdipe en termes de relation d'objet, la question peut se formuler assez simplement. Le conflit œdipien met en jeu, et en scène, trois personnages : l'enfant, le père, la mère (ou leurs équivalents dans telle ou telle histoire personnelle, dans telle ou telle culture). Cela suppose qu'il s'agit d'entités distinctes, relativement stables, permanentes, non détruites par le conflit lui-même. Or ceci n'est pas acquis d'emblée, dès la naissance. L'accord est sur ce point unanime : pour le nouveau-né, il n'existe rien qui ressemble à un *sujet* qui se poserait clairement comme distinct d' « autre chose », de quelqu'un d'autre, ou, en termes psychanalytiques, de ses *objets*. Comment donc s'opère cette distinction, base nécessaire de l'Œdipe ? ou, de façon plus imagée, plus concrète : comment en vient-on à être deux, pour ensuite être trois ? telle est en tous cas la formulation la plus simple, mais aussi la plus usuelle, du problème.

1. **Le schéma freudien de la satisfaction hallucinatoire du désir et de sa déception.** — Quelles sont les origines de la distinction sujet-objet ? A cette question, Freud a

donné le principe d'une réponse qui reste fondamentale. Le bébé n'éprouve d'abord que des besoins (au premier chef la faim), des états du corps, des émotions (le plaisir de la tétée et de la réplétion, la souffrance, etc.). La présence d'une mère attentive apaise rapidement le besoin, calme les émotions. Supposons cependant qu'elle soit si attentive qu'il en aille toujours ainsi, sans aucun délai : rien n'invitera le bébé à supposer que « quelque chose » est indépendant de ses propres mouvements, puisqu'il suffit que ceux-ci se produisent pour trouver une conclusion heureuse. Cependant la satisfaction peut tarder : la mère peut être absente, occupée à autre chose, juger que l'heure de la tétée n'est pas venue, etc. Alors se produit quelque chose de capital : le bébé en vient, si confusément que ce soit, à situer « quelque part » la source de la satisfaction attendue. Cependant, l'intensité même du désir peut créer l'illusion de la satisfaction (le goût du bon lait dans la bouche, sa chaleur, l'apaisement, etc.), au point qu'on voit alors le bébé qui avait faim téter à vide et s'endormir... Tout se passe comme s'il se donnait à lui-même la satisfaction désirée. C'est ce que Freud désigne comme la « satisfaction hallucinatoire du désir ».

Ainsi s'esquisse la différenciation sujet-objet. Mais ce n'est encore qu'une esquisse bien incertaine, et à ce stade on ne peut guère parler que de « pré-objet ». Par cette satisfaction « hallucinatoire », le sujet naissant éprouve en lui-même cet « ailleurs » dont elle est censée venir (une hallucination est une production intrapsychique qui se donne mensongèrement comme une perception d'origine externe).

Ainsi, on le voit, en cette période indécise, il y a bien amorce d'une différenciation de « soi » et d' « autre chose », du sujet et de l'objet, mais une différenciation fragile. La satisfaction hallucinatoire est précaire et ne peut guère constituer qu'une solution d'attente à la frustration : la présence effective de la mère doit relayer en temps utile cette attente, faute de quoi la fonction hallucinatoire risque d'être gravement disqualifiée. C'est cependant dans ce temps suspendu de la satisfaction réelle, et dans son relais par la satisfaction hallucinatoire, que s'inscrit l'origine de toute représentation possible de l'objet. Winnicott, un pédiatre anglais devenu psychanalyste, qui a bien étudié et décrit ces phénomènes, a pu écrire, à juste titre, qu'une mère « parfaite », qui satisferait toujours, immédiatement et sans délai, les désirs de son bébé, « ne vaudrait pas mieux qu'une hallucination ». Ainsi, la mère doit être « suffisamment bonne » (ou, pourrait-on dire corrélativement, « suffisamment mauvaise ») pour que ce temps hallucinatoire puisse prendre sa fonction, sans qu'une frustration et une souffrance psychique excessives ne viennent désorganiser la représentation naissante de l'objet.

Passée une toute première période après la naissance, où la mère investit massivement son bébé, celle-ci retrouve progressivement son autonomie psychique et la liberté de ses propres investissements affectifs et sexuels : il devient plus fréquent que la satisfaction attendue par le bébé tarde. La solution de la satisfaction hallucinatoire s'avérant insuffisante, l'enfant en vient à investir l'objet comme extérieur à lui-même. Simultanément, il commence à ressentir qu'il s'agit aussi de « quelque chose » qui se passe en lui-même. Le bébé évoque sa mère *comme absente.* Ainsi naît la représentation de l'objet, dans l'écart entre la satisfaction désirée et l'évocation d'un objet qui manque, par là même situé à l'extérieur[1]. L'objet se fonde, face au sujet, et comme sa nécessaire contrepartie, lorsque l'enfant devient capable de s'en représenter l'existence *in absentia,* c'est-à-dire avec le sentiment que l'objet est tout à la fois présent (ici, en moi) et absent (là, dans le

1. L'étymologie est éclairante : l'objet est ce qui est « jeté en face », le sujet ce qui se pose comme sous-jacent à cette opération même.

monde extérieur). Cette présence psychique de l'objet garantit sa permanence : puisqu'il continue à exister, on pourra le rechercher et le retrouver dans la réalité du monde extérieur. *La présence naît, psychiquement, de l'absence :* cette dialectique marquera profondément et pour toujours la vie psychique ; elle sera au cœur du jeu des rapprochements-exclusions qui animent la dynamique œdipienne.

2. **Objets transitionnels et aire transitionnelle.** — Pour saisir ce qui se joue dans ces moments premiers du processus d'individuation, il faut s'affranchir des évidences adultes, selon lesquelles il existe une différence bien tranchée entre soi-même et autrui. C'est pour ébranler cette évidence que Winnicott a affirmé dans l'un de ses écrits : « un bébé ça n'existe pas... », impliquant : ce qui existe au début de la vie, c'est une « unité duelle » mère-enfant, tout le problème étant de comprendre comment, *pour l'enfant,* en émergera cette distinction qui finit par paraître évidente[1]. Winnicott a montré, dans cette perspective, l'importance de ce qu'il a appelé les « objets transitionnels » ; il peut s'agir d'un animal en peluche, d'un coin de couverture sucé, ou d'un objet matériel quelconque. L'attachement de l'enfant à ces objets transitionnels est évident, et leur présence est vivement désirée lors des moments de démobilisation, en particulier l'endormissement et le réveil. Ce sont, dit Winnicott, les « premières possessions non-moi », situées par l'enfant dans un espace intermédiaire, « ni dedans, ni dehors ». Elles partici-

1. Elle peut manquer à apparaître, ce qui montre bien la complexité et la fragilité du processus : ce sont les cas d'autismes infantiles. De nombreux travaux, dus en particulier à Melanie Klein, Margaret Mahler, Donald Meltzer, Frances Tustin, en France Serge Lebovici, René Diatkine, Roger Misès, etc., se sont attachés à une étude des autismes et psychoses de l'enfance qui montre bien cette complexité et cette fragilité des processus d'individuation. Cf. l'ouvrage collectif publié, sous la direction de R. Perron et D. Ribas, *Autismes de l'enfance,* PUF, 1994.

pent cependant à la fois du sujet et de l'objet : d'où leur caractère vital, bien ressenti par la plupart des parents. Winnicott s'est attaché à montrer qu'en fait il subsistera toujours en chacun une « aire transitionnelle », zone intermédiaire entre soi et autre chose, entre soi et autrui; c'est le lieu de l'imaginaire, de la rêverie, du jeu, de la création. Ceci peut permettre de mieux comprendre la dynamique future du complexe d'Œdipe, et ses constantes oscillations identificatoires (dans la mesure où toute identification suppose un rapprochement qui tend à estomper les limites moi-autrui).

III. — Le jeu fantasmatique des « objets internes »

Melanie Klein, qui exerça une profonde influence sur les développements de la psychanalyse, aborde le problème des relations d'objet de manière différente. Pour elle, les objets internes se constituent dans une dynamique pulsionnelle qui est donnée d'emblée[1]; celle-ci s'exprimerait directement dans le jeu des fantasmes dont les objets internes sont les protagonistes.

Melanie Klein admet en effet comme un donné premier l'opposition de l'amour et de la haine, une opposition qui marque la naissance même de l'objet, d'emblée à la fois recherché et rejeté, aimé et haï, toujours en danger d'être fantasmatiquement détruit. En ce point, elle ne fait que reprendre une idée qui fut toujours centrale pour Freud : l'objet est « investi dans la haine »; ceci pour autant qu'il n'est d'abord repérable que par son absence et dans la frustration que celle-ci

1. Freud, entre 1920 et 1923, a présenté une « seconde théorie des pulsions » qui postule deux forces fondamentales, dont les équilibres régissent le développement et le fonctionnement du psychisme : les pulsions de vie et les pulsions de mort, Eros et Thanatos (ceci sera repris chap. VI). C'est en se fondant essentiellement sur cette théorie que Melanie Klein a développé sa conception des débuts de la vie psychique.

implique, mais aussi pour des raisons plus fondamentales. Il faut ici se référer à ce que Freud tenait pour un modèle biologique essentiel.

1. **Le modèle absorption-expulsion.** — Tout organisme vivant peut être défini comme une structure biologique fonctionnelle entourée d'une enveloppe qui la sépare de son milieu de vie, c'est-à-dire sépare un intérieur d'un extérieur. Cette membrane est protectrice et permet la régulation des échanges entre l'organisme et son milieu de vie : par elle transitent l'import des substances nécessaires et le rejet des substances nocives. Cependant, chez l'homme, il se produit quelque chose de nouveau, qui définit peut-être sa spécificité : *ce double mouvement d'import-export se transpose au plan psychique.* L'« appareil psychique » constitue en effet un système fonctionnel qui règle les échanges avec le monde environnant. Le métabolisme absorption-expulsion s'y transpose en métabolisme introjection-projection.

Dans cette transposition les processus en cause prennent un tout autre sens. On peut cependant définir *a minima* l'introjection comme un processus visant à « incorporer » dans le Moi, qui tente de se modeler à cette image, les qualités ou caractéristiques désirables d'une personne, ou attribuées à cette personne ; et la projection comme le processus de sens inverse, par lequel le Moi attribue à cette personne ses propres caractéristiques, en général des caractéristiques peu désirables, dont il tente ainsi de se débarrasser...[1].

Ce double mouvement a pour but d'enrichir le Moi naissant d'états agréables, et de l'expurger de tout affect pénible : c'est ce que Freud désignait comme le processus visant un état de « Moi-plaisir purifié ».

1. On peut définir les processus d'identification, dont il sera question plus loin (chap. VI, C), comme métabolisme introjection-projection, c'est-à-dire comme un incessant mouvement d'import-export visant à importer du « bon » et à se débarrasser du « mauvais ».

Mais si ce Moi naissant cherche ainsi à se « purifier », c'est bien qu'il est lui-même en partie mauvais; et le « non-Moi » qui s'en différencie est lui-même à la fois bon (en tant que source potentielle des satisfactions désirées) et mauvais. Mauvais, ce « non-Moi » l'est d'ailleurs de plusieurs façons : parce que source possible de déplaisir, parce que décevant s'il manque à donner la satisfaction désirée, et surtout parce que « pollué » par ce qui vient d'y être rejeté. Les mécanismes de filtrage dont dispose ce Moi naissant sont en effet bien incertains, et beaucoup moins efficaces que ceux qui fonctionnent au plan biologique (où ils sont condition de survie). Leur fragilité même rend compte du développement des fantasmes angoissants postulés par la théorie kleinienne, fantasmes d'attaque par un « mauvais sein » d'autant plus menaçant qu'il est lui-même attaqué : c'est l'angoisse de réimporter tout le « mauvais » dont il vient d'être chargé[1]...

2. **Le clivage de l'objet.** — Pour Melanie Klein, l'ambivalence pulsionnelle originelle s'exprime directement dans une bipartition de l'objet en « bon » et « mauvais » : c'est ce qu'elle désigne comme « clivage de l'objet ».

La notion même d' « objet » devient cependant, dans cette théorisation, assez incertaine; les formulations kleiniennes supposent en effet sa présence bien plus tôt que ne le pensait Freud, peut-être même dès la naissance. Il est clair qu'il s'agit alors de l'objet de la pulsion (et du fantasme), qui n'est encore référé à aucun processus d'investissement d'un objet au sens usuel (c'est-à-dire existant dans le monde extérieur et source de perceptions bien différenciées). De ce fait même, la théorie kleinienne (et ses développements

1. Le concept d' « identification projective », auquel font largement appel les tenants de ces vues théoriques, vise à connoter l'ensemble de ces mouvements complexes ; peut-être cependant contribue-t-il, dans son usage courant, à en brouiller quelque peu les composantes...

chez des auteurs comme Donald Meltzer) conduit à décrire l'univers du bébé comme un univers dramatique, où s'affrontent violemment des mouvements d'amour et des mouvements destructeurs qui tous visent le « sein », contradictoirement bon et mauvais[1]. Le bon sein est recherché parce que source de vie, de chaleur, d'amour; mais la satisfaction vise à l'incorporer, ce qui équivaut à le détruire : ceci est vécu comme une attaque, dont le sein, devenant mauvais, se « venge » par une attaque en rétorsion. D'où la multiplication de termes visant à décrire les fluctuations du fantasme : dévoration, intrusion, dilacération, démembrement, etc., ceci dans les deux sens, l'attaquant étant tour à tour l'enfant qui vise à détruire le sein et le sein qui vise à détruire l'enfant. Il en résulte d'ailleurs que, plutôt que de l'objet, il faut alors parler *des* objets : ceux-ci varient au gré de ces mouvements fantasmatiques, et ne peuvent se présenter que dissociés (ce sont des « objets partiels », par opposition à l' « objet total » qui naîtra plus tard de leur unification).

On peut certes être réticent devant cette dramatisation, que ne paraît guère confirmer l'observation d'un bébé raisonnablement heureux, même s'il lui arrive de « faire des colères »... Cependant, une telle théorisation se trouve confirmée par la clinique psychanalytique : ceci non seulement dans des cas d'enfants gravement perturbés (analogues à ceux sur lesquels Melanie Klein avait fondé sa théorie), mais aussi par des phénomènes produits sous l'effet de la « régression formelle » observable dans les rêves ou dans certains mouvements de la cure analytique. Les travaux

1. Le terme « sein » désigne tout ce qui, pour le bébé et en ces moments premiers, se réfère à une mère non encore perçue comme une personne unifiée. En fait, il s'agit de l'ensemble des mouvements psychiques du bébé qui s'adressent à « quelque chose » que le Moi naissant commence à poser comme lui étant extérieur. C'est évidemment dans le registre de la pulsion orale primitive que le sein est ainsi investi par le bébé.

modernes sur les autismes et psychoses infantiles se sont largement fondés sur la conception kleinienne du développement psychique, conception qui a été ensuite nuancée et enrichie par nombre de psychanalystes contemporains, notamment D. Meltzer.

3. **Un Œdipe précoce ?** — La théorie kleinienne permet de mieux comprendre les basculements de l'amour et de la haine qui affectent ensuite les trois protagonistes de l'Œdipe, la mère, le père, et l'enfant lui-même. Elle pose cependant un problème délicat. Elle est en effet axée sur une démarche qui tend à situer toujours plus précocement dans la psychogenèse les faits dont il s'agit de rendre compte. Ceci conduit à situer l'Œdipe beaucoup plus tôt que ne le faisait Freud : il est alors supposé apparaître au cours du second semestre de la première année...

La dialectique de l'amour et de la haine qui anime les fantasmes primitifs caractérise selon M. Klein une première phase qu'elle qualifie de « schizo-paranoïde »; le bébé, livré à la toute-puissance de ses propres productions psychiques, n'a alors aucun moyen de poser l'existence de quelque chose qui lui soit extérieur. Vient cependant le moment où le sein qui se refuse commence à prendre par là-même une existence indépendante; alors le bébé en éprouve la perte, et c'est dans cette perte même que, tout à la fois, les « objets partiels » commencent à se réunir en « objet total », et que commence à se poser le sujet lui-même. L'enfant accède à la « position dépressive »[1].

1. L'usage de termes empruntés à la psychiatrie adulte est certainement surdéterminé par le fait que cette théorie des origines de la psychogenèse « normale » est pour l'essentiel déduite de la cure d'enfants plus âgés mais gravement perturbés. L'avantage de cette terminologie est de bien souligner les aspects structuraux de ces modes primitifs d'organisation ; cependant, elle a pour inconvénient d'accentuer le caractère dramatique de la fantasmatique ainsi connotée, et d'aboutir à créer l'impression, à tort, que la première enfance est en elle-même un état pathologique, ce qui ne peut avoir aucun sens...

C'est alors que débutent, selon M. Klein, les stades précoces du conflit œdipien, fondé sur la possibilité qu'a désormais l'enfant de se représenter des objets non seulement distincts de lui-même mais distincts entre eux. La différence des sexes commencerait dès ce moment à jouer son rôle dans un fantasme de coït parental ininterrompu, chargé de toutes les projections sadiques liées à la position schizo-paranoïde. Il faut en effet souligner que, pour M. Klein, la position dépressive n'efface en rien la position schizo-paranoïde qui la précède, les deux « positions » étant désormais destinées à s'articuler dans la dynamique des mouvements pulsionnels. Avant que l'enfant puisse assez clairement distinguer son père et sa mère, ceux-ci coexistent dans le fantasme du coït qui les unit, comme « parents combinés » : le pénis paternel est fantasmé comme partie intégrante du corps maternel, et il est à son tour idéalisé, à l'instar du sein primitif, comme source de tout ce qui est désirable.

La principale originalité de la théorie kleinienne de l'« Œdipe précoce » réside dans l'importance qu'elle accorde à l'intervention d'un Surmoi archaïque lui-même très précoce. Freud avait déjà clairement indiqué que le Surmoi prend ses racines dans le Ça ; Melanie Klein, dans le cadre de sa conception développementale, insiste sur l'importance et le caractère *archaïque* de ces racines : selon elle, le Surmoi précoce se constitue dans un moment du développement dominé par des pulsions sadiques qui le chargent d'une sévérité pouvant confiner à la cruauté (la discussion de cette question sera reprise plus loin chap. VI, D).

Il est remarquable que, de façon assez paradoxale, la théorie kleinienne, à force de situer les choses toujours plus tôt, tend à effacer la dimension ontogénétique du développement psychosexuel et les sauts mutatifs qu'implique la théorie freudienne des stades libidinaux et de l'organisation du Moi. Du même coup s'effacent les notions freudiennes si fécondes de régression et d'après-coup : l'essentiel du jeu de la dynamique intrapsychique est donné d'emblée avec l'apparition de la position dépressive. Le Moi lui-même est supposé exister très tôt, peut-être même dès la naissance[1]. Mais de quel « Moi » peut-il alors s'agir? Son statut devient assez incertain; c'est une entité assez vague, à concevoir comme le « lieu » des fantasmes, le champ clos de leur affrontement.

La conception kleinienne du complexe d'Œdipe fait donc problème. A lire les observations cliniques dont s'étaye la théorie, on a parfois l'impression que, même si « le père » et « la mère » y sont nommément désignés, il s'agit toujours d'un même et unique personnage, aux multiples facettes dans l'affrontement de l'amour et de la haine; et l'on peut s'interroger sur ce qui autorise à désigner tel aspect comme « paternel » et tel autre comme « maternel ». Une notion comme celle de « mère phallique », qui a connu un succès considérable, pose ce problème : qu'il s'agisse de la frayeur inspirée par les redoutables pouvoirs de ce personnage unique, sans doute : mais pourquoi le qualifier de « phallique »? on ne voit guère que deux réponses possibles : ou bien il s'agit d'un sens donné en après-coup, ce qui ne cadre pas avec la théorie kleinienne; ou bien la connotation « phallique » est originaire, et qu'est-ce qui peut l'inscrire d'emblée dans le psychisme? Et d'où viendrait au bébé (de quelques semaines, au plus...) l'image du pénis paternel? La théorie kleinienne reste muette sur ce point; en fait, ce « pénis paternel » ne semble rien d'autre que l'un des aspects de l'imago maternelle elle-même : ce serait donc une illusion rétrospective que de le qualifier de « paternel ». On peut en effet s'interroger sur les effets d'après-coup qui y conduisent.

1. Le Moi « existait et exerçait son activité dès la naissance » : « Quelques conclusions théoriques au sujet de la vie émotionnelle des bébés » (1952), in *Développements de la psychanalyse,* p. 206.

On peut donc rester quelque peu sceptique en présence de l'idée, parfois avancée, selon laquelle l'approche kleinienne définirait une « première triangulation », qui d'abord opposerait au sujet un objet double, clivé en bon et en mauvais, avant que, lors de l'Œdipe précoce, il ne se différencie en deux figures, paternelle et maternelle.

IV. — **Origines de l'Œdipe, Œdipe originaire ?**

Rechercher les prodromes de l'Œdipe ne saurait se limiter à repérer ce qui est « avant » dans une conception linéaire du développement. L'important est bien davantage de comprendre comment le conflit œdipien peut émerger de *structures* conflictuelles préexistantes, et comment est possible la réorganisation qui permet d'intégrer les plus anciennes en une organisation nouvelle.

Claude Le Guen (1974) a soutenu et développé l'idée d'un « Œdipe originaire », qui permettrait de situer dès le moment d'émergence des représentations de l'objet une préstructure de l'Œdipe. Il part d'une observation de René Spitz, qui note que, vers six mois, le bébé, en présence d'une personne inconnue, se détourne, se réfugie dans le giron de sa mère, éventuellement pleure, etc. Rappelant qu'en fait cette idée figurait déjà dans certains textes de Freud, Claude Le Guen lui a donné des développements intéressants. Pour cet auteur, l' « étranger » apparaît à l'enfant comme un « non-mère »; ce « non-mère » *évoque* et *signifie, a contrario,* l'absence de la mère, sa perte, fondée sur son exclusion de la perception. « L'étranger, celui qui vient désigner cette perte, est le troisième personnage (...) mais il n'est pas lui-même investi comme objet. Pour anonyme qu'il soit, son rôle est déterminant, puisqu'il vient signifier la perte de la mère, il l'interdit. » Claude Le Guen voit donc dans ce mouvement fondateur l'origine de la triangulation, en même temps que le prototype de tout interdit. L'étranger (non-mère) devient la cause de l'insatisfaction et de la frustration, et, de ce fait même, désigne la mère comme objet du désir.

On peut voir là un point de convergence avec les idées développées par d'autres auteurs qui soulignent également le rôle structurant et fondateur de l'intervention précoce d'un tiers. André Green désigne ce tiers comme « l'autre de l'objet ». Denise Braunschweig et Michel Fain (1975) insistent sur l'importance de la « censure de l'amante », moment où la mère se dégageant de l'investissement massif de son nouveau-né, peut s'éloigner de celui-ci pour redevenir amante ; en réinvestissant ainsi le père, elle situe pour l'enfant un « ailleurs » qui jouera un rôle essentiel dans l'Œdipe.

Reste à comprendre cependant comment ce tiers, indispensable selon ces auteurs à tout processus de symbolisation et à l'investissement du père, pourra devenir le père protagoniste de l'Œdipe.

On peut admettre que cette « première triangulation » constitue la structure fondamentale de ce qui deviendra le conflit œdipien. Cette première relation triangulée articule en effet les deux mouvements complémentaires du désir et du rejet : l'instauration du désir pour la mère s'accompagne du rejet et de la crainte du « non-mère », de l' « autre de l'objet ». Si l'on ajoute que ce jeu dialectique du désir et du rejet, du rapprochement et de l'exclusion, peut devenir réversible, on trouve là les assises structurelles de ce scénario à trois personnages qu'est l'Œdipe, un scénario où le rapprochement de deux suppose l'élimination du troisième, avec l'oscillation de l' « Œdipe positif » et de l' « Œdipe négatif ».

Dans un éclairage théorique assez différent, J. Chasseguet-Smirgel (1988) a décrit une « matrice archaïque » du complexe d'Œdipe, qu'elle souhaite elle aussi différencier de « l'Œdipe précoce » de M. Klein. Ce noyau primitif de l'Œdipe serait lié à un « désir primaire » de retour au ventre maternel. J. Chasseguet fonde son hypothèse sur l'angoisse prototypique liée au traumatisme de la naissance, et sur une conception du narcissisme primaire qu'elle emprunte à Bela Grunberger. Le fantasme de retour intra-utérin, considéré comme un fantasme originaire, implique de vider le ventre maternel de ses contenus fantasmatiques qui font obstacle à ce retour, pénis et enfants. Ceux-ci, qui « représentent la réalité », doivent être fantasmatiquement détruits pour que ce retour soit possible. « La réalité est que le ventre de la mère n'est pas accessible. Tous les obstacles qui sont sur le chemin du corps maternel sont autant de représentants de la réalité ». On voit que cet auteur fait une large place aux fantasmes sadiques d'attaque du corps maternel décrits par M. Klein ; mais elle met en outre en évidence la notion d'obstacles s'opposant à la libre réalisation du désir.

Lorsqu'on s'interroge sur l' « originaire » de l'Œdipe, on en revient en fin de compte à la question des fantasmes originaires. Rappelons que Freud a réuni sous ce terme les trois fantasmes de séduction, de scène primitive et de castration. Cette trilogie regroupe en effet trois fantasmes qui, comme on l'a vu en différents points de cet ouvrage, jouent un rôle organisateur essentiel et déterminant dans l'Œdipe.

Il est donc important, pour comprendre l'assomption de l'Œdipe à partir de ses prodromes pre-œdipiens, de s'interroger sur la fonction organisatrice de ces trois fantasmes. Laplanche et Pontalis (1985) ont souligné qu'ils peuvent être qualifiés d'originaires, entre autres raisons, en ce qu'ils constituent des réponses à un commun questionnement sur les origines : origine de la sexualité dans son surgissement traumatique pour le fantasme de séduction, origine de la différence des sexes pour le fantasme de castration, origine du sujet (naissance et génération) pour le fantasme de scène primitive. C'est bien dire qu'on ne saurait séparer l'organisation œdipienne de ce qui permet de penser et de symboliser le désir et l'interdit, notamment par l'élaboration des théories sexuelles.

On peut ajouter (M. Perron-Borelli, 1991) que ces fantasmes ont tous trois pour fonction de lier et de mentaliser des traumatismes majeurs qui, sous différentes modalités, se réfèrent toujours à une perte objectale et narcissique. Freud leur a appliqué, à différents moments de son œuvre mais identiquement, la théorie des « deux temps » du traumatisme, qui implique fondamentalement la notion d'après-coup. On peut penser que la fonction organisatrice particulière pris par ces fantasmes dans leur articulation œdipienne réside dans leur potentialité signifiante, qui leur permet d'intégrer en après-coup des expériences traumatiques liés aux différentes étapes de l'organisation psychique.

Nous avons tenté d'éclairer la question posée au début de ce chapitre : qu'est-ce qui précède et fonde le complexe d'Œdipe ? et comment répondre à cette question sans verser dans un préformisme qui ne serait que dérobade ? Les différentes théories que nous avons évoquées apportent chacune des éléments de réponse. Cependant, il faut souligner, une fois encore, que les prodromes de l'Œdipe ne sauraient suffire à rendre compte de l'Œdipe lui-même. Comme nous y avons déjà insisté, celui-ci ne doit sa valeur organisatrice qu'à intégrer d'une manière originale, et sous le signe de l'interdit de l'inceste, la différence des sexes et la différence des générations.

Chapitre VI

COMPLEXE D'ŒDIPE ET ORGANISATION PSYCHIQUE

I. — L' « Œdipe complet »

Après les difficiles années de guerre, un regain d'activité créatrice conduit Freud à une refonte générale de la théorie psychanalytique. En trois ans (1920-1923), il en reformule les bases en ce qui concerne les pulsions et en ce qui concerne la structure de l'appareil psychique : c'est ce qu'on désigne ordinairement comme « seconde théorie des pulsions » et « seconde topique ». Ces nouvelles options théoriques vont recadrer sa réflexion sur le complexe d'Œdipe, qui trouvera son élaboration définitive en 1923.

Les pièces du puzzle se sont en effet mises en place, et Freud peut alors reformuler ainsi sa conception de l'Œdipe : « ... le complexe d'Œdipe simple n'est pas du tout le plus fréquent (...) il correspond à une simplification ou à une schématisation, même si elle reste bien souvent justifiée dans la pratique. Une investigation plus poussée découvre la plupart du temps le complexe d'Œdipe *dans sa forme plus complète,* complexe qui est double, positif et négatif, sous la dépendance de la bisexualité originaire de l'enfant : le garçon n'a pas seulement une position ambivalente envers le père et un choix d'objet tendre pour la mère, mais il se comporte en même temps comme une fille en manifestant la position féminine tendre envers le père et la position correspondante d'hostilité jalouse à l'encontre de la mère (...) je crois qu'on fait bien d'admettre, en général et tout particulièrement chez les névrosés, l'existence du complexe d'Œdipe complet » (Freud, 1923*c*).

Cette conception découle logiquement des acquis précédents, en particulier de ce qu'avait mis en lumière le cas de l'Homme aux Loups. Elle est sans doute moins familière au grand public que la version simplifiée qui réduit l'Œdipe à son seul versant « positif »; c'est pourquoi il est utile de le souligner : la dynamique œdipienne ne peut se concevoir aujourd'hui sans prendre aussi en considération le versant « négatif » ou « inversé »[1]. Au cours de l'évolution « normale »[2], l'Œdipe « positif » prévaut, même si les oscillations vers son versant négatif viennent en moduler le jeu; et ceci conduit aux choix d'objet hétérosexuels dans la majorité des cas. Mais l'histoire de ces équilibrations et rééquilibrations varie beaucoup d'une personne à une autre, si bien que les choix d'objet réalisés par l'adulte peuvent eux-mêmes s'échelonner de l'hétérosexualité la plus nette à l'homosexualité exclusive. Ceci ne peut se comprendre sans référence à un postulat essentiel chez Freud, celui de la bisexualité psychique de tout être humain.

Il est à cet égard utile de relever, dans la citation qui précède, le passage où Freud fonde l'Œdipe complet sur « la bisexualité originaire de l'enfant ». C'est là une idée apparue très tôt dans son œuvre, et qu'il devait, semble-t-il, à son ami Wilhelm Fliess. Elle s'étaye de constats anatomiques : chaque sexe présente, fût-ce de façon atténuée, « rudimentaire », des caractéristiques de l'autre sexe. Certaines propositions avancées par Freud à cet

1. Ainsi que nous l'avions souligné plus haut, il faut utiliser ces termes en les décantant de tout jugement de valeur.

2. Le terme est ici placé entre guillemets car la notion même de normalité soulève de difficiles problèmes : du fait de son implication de valeur ; parce qu'on ne saurait assimiler simplement le « normal » et « le plus fréquent » ; parce que le psychanalyste répugne à opposer trop vite le normal et le pathologique, etc. C'est pourquoi, plutôt que d'évoquer une fallacieuse « normalité », nous nous référerons ici à un « schéma typique » du développement et du fonctionnement psychique : il s'agit d'un *modèle* qui permet de mieux comprendre ce développement et ce fonctionnement, sous leurs multiples variantes individuelles.

égard ont pu susciter par la suite beaucoup de controverses (ainsi de celle qui fait du clitoris un « petit pénis ») ; mais, au-delà de ces controverses, la bisexualité *psychique* de l'être humain est et reste une idée basale de la psychanalyse (voir à ce sujet l'excellent ouvrage de Christian David, 1992). Si l'on s'efforce de comprendre le fonctionnement psychique, et ses troubles, et si l'on veut se repérer dans des phénomènes qui s'avèrent alors d'une grande complexité, il est indispensable, dépassant une opposition trop sommaire des deux sexes, d'étudier en tout homme sa féminité, en toute femme sa masculinité... On est en présence, en quelque sorte, d'un continuum : « On obtient une série avec, à l'une de ses extrémités, le complexe d'Œdipe normal positif, et à l'autre le complexe inversé, négatif, tandis que les termes intermédiaires revêtent la forme complète, avec une participation variable des deux composantes » (Freud, *ibid.*, p. 246).

Cependant, le jeu « typique » des deux versants de l'Œdipe ne saurait être tenu pour parfaitement symétrique chez le garçon et chez la fille : ce difficile problème sera discuté plus loin.

II. — Le recadrage dans la « seconde topique »

Cette redéfinition de l'Œdipe, qui fait apparaître les phénomènes en cause comme réalisant une structure dynamique beaucoup plus complexe que lors des premières formulations, ne se borne pas à une modification locale de la théorie psychanalytique. Celle-ci, en effet, subit vers 1920 une profonde transformation. Il n'est pas possible de bien comprendre les nouvelles idées de Freud sur l'Œdipe sans les situer dans ce nouveau cadre ; nous en rappellerons donc brièvement les grandes lignes.

En 1923, Freud présente dans « Le Moi et le Ça » ce qui va constituer sa « seconde topique ». Il est sans doute utile de préciser ici ce qu'on peut entendre par « topique ». Ce terme, forgé sur le grec « topos », lieu, désigne (en tant qu'adjectif) ce qui est relatif à l'espace, ou (en tant que substantif) une distribution dans l'espace. En psychanalyse, le terme est utilisé pour désigner une théorie « qui suppose une différenciation de l'appareil psychique en un certain nombre de systèmes doués de caractères ou de fonctions différentes et disposés dans un certain ordre les uns par rapport aux autres, ce qui permet de les considérer métaphoriquement comme des lieux psychiques dont on peut donner une représentation figurée spatialement » (Laplanche et Pontalis, *Vocabulaire de la Psychanalyse*). Les « instances », dans la terminologie en usage, désignent les « lieux » de cette topique. Il faut souligner qu'il s'agit bien d'une métaphore, et d'une représentation commode : il serait absurde de chercher à localiser les éléments d'une telle topique dans le corps, et spécialement dans le système nerveux.

La première topique était entièrement construite sur la nécessaire distinction entre Conscient et Inconscient, avec une instance intermédiaire, le Préconscient, lieu de transition de l'un à l'autre. Elle permettait, en première approche, de rendre compte des processus en jeu dans les « psychonévroses de défense » (hystéries, phobies, névroses obsessionnelles), et de formuler une théorie générale de l'appareil psychique. Cependant, les années passant, le matériel clinique s'était accumulé, les discussions théoriques s'étaient développées dans une communauté psychanalytique en extension ; notamment à propos de cas cliniques jusque-là peu pris en compte (les psychoses, les états mélancoliques, la paranoïa, etc.), mais aussi de phénomènes universels tels que les processus du deuil (« Deuil et mélancolie », 1917), ou de phénomènes culturels tragiquement mis en évidence par la première guerre mondiale (« Considérations actuelles sur la guerre et sur la mort », 1915). Comme il est de règle dans l'histoire des sciences, cet afflux de faits nouveaux, et la remise en discussion des cadres explicatifs qu'il entraîne, vont provoquer une refonte générale de la théorie : « Il résulte de cette expérience (...) que nous aboutissons à des imprécisions et à des difficultés innombrables si nous persévérons dans notre mode d'expression habituel et si (...) nous voulons ramener la névrose à un conflit entre la conscience et l'inconscient » (« Le Moi et le Ça », p. 228). C'est pour dépasser ces difficultés que Freud formule alors une « seconde topique », articulant trois nouvelles « instances », le Ça, le Moi et le Surmoi.

Freud emprunte le terme « Ça » *(das Es)* à Georg Groddeck[1], mais en donne sa propre définition : c'est le « réservoir des pulsions », et le « lieu » des représentations et des affects refoulés. Le Ça ne coïncide cependant pas avec l'Inconscient de la première topique, ainsi qu'on le perçoit mieux si l'on examine ses relations avec les deux autres instances de cette seconde topique, le Moi et le Surmoi.

Le Moi *(das Ich)* prend un tout autre statut que dans la première topique. Il est redéfini comme instance centrale, intégratrice, qui tout à la fois assure, ou tente d'assurer, une équilibration d'ensemble des conflits pulsions-défenses, et l'adaptation à la réalité, en particulier les relations interpersonnelles. Le Moi n'est pas pour autant assimilé à la conscience : pour une large part, les conflits qu'il gère et les défenses qu'il met en œuvre fonctionnent de façon inconsciente.

Le Surmoi *(Ueberich)* peut être approximativement défini par l'ensemble des impératifs moraux, des obligations et des interdits qu'il impose au Moi avec sévé-

1. Groddeck était un neuropsychiatre original, aux idées provocatrices pour l'époque, qui mettait l'accent sur le corps, ses besoins et ses mouvements, et la fantasmatique qui en résulte ; il soulignait particulièrement le poids des conflits psychiques dans la pathologie somatique, et on peut de ce fait le considérer comme un précurseur de la psychosomatique moderne. Freud tout à la fois estimait sa hardiesse et en était quelque peu agacé.

rité, voire avec cruauté. Selon la conception freudienne, qui ne va pas sans difficultés, le Surmoi est une différenciation du Moi, mais dérive assez directement du Ça, de ses poussées pulsionnelles et des retours du refoulé qui en émanent : d'où la « sauvagerie » de ses interventions. Le tableau est d'ailleurs compliqué par l'apparition de deux autres notions, dont le statut n'est pas très clair dans l'œuvre de Freud : l' « Idéal du Moi et le « Moi Idéal » (*Idealich, Ichideal,* termes que parfois Freud semble employer comme synonymes). On peut considérer, pour clarifier la situation, l'Idéal du Moi comme l'image que le Moi se donne à lui-même comme modèle (de façon consciente ou préconsciente), parce que paré de qualités désirables. Le Moi Idéal, lui, serait tout autre chose : le reliquat d'un « moi grandiose » de la prime enfance, porté à s'admirer lui-même, à se croire tout-puissant, et à « prendre ses désirs pour des réalités ». C'est du moins ainsi que la plupart des auteurs ultérieurs ont défini ces notions, et les ont distinguées du Surmoi.

Il s'agit donc, dans cette seconde topique, d'une reformulation générale des principes de fonctionnement de l'appareil psychique, qui a conduit Freud à s'interroger sur les relations entre ces trois nouvelles « instances ». Si le Moi y est en position centrale, cette position est passablement inconfortable, puisqu'il est nécessairement, selon une expression de Freud, « serviteur de trois maîtres », le Ça, le Surmoi et la réalité... Il est en effet en permanence sollicité par des exigences pulsionnelles, obligé de se défendre des infiltrations déguisées du refoulé, vit dans la crainte des punitions dont le menace le Surmoi, tente de se valoriser par référence à ce que lui propose l'Idéal du Moi, sans cependant céder aux illusions infantiles du Moi Idéal... tout ceci en tentant de s'adapter au mieux aux exigences de la réalité, celle des choses, des événements, et surtout des personnes (rude tâche, puisque chacune de ces personnes est tout aussi complexe, contradictoire, conflictuelle...).

Cette seconde topique, il faut le souligner, n'annule pas la première (qui distinguait Conscient, Préconscient et Inconscient). Le champ de l'Inconscient se trouve même élargi, puisque, outre le Ça, « réservoir des pulsions », il englobe une bonne partie du Moi et de son travail défensif, ainsi que du Surmoi (si celui-ci abonde en justifications explicites de ses interventions, en « rationalisations », les ressorts en restent cachés).

C'est essentiellement cette seconde topique, et plus particulièrement cette nouvelle définition du Moi comme instance, qui cadre en 1923 la reformulation de l'Œdipe. Il est cependant nécessaire de compléter ce rappel en évoquant brièvement la seconde théorie des pulsions, introduite trois ans plus tôt dans « Au-delà du principe de plaisir ».

La pulsion, comme son nom le dit clairement, est « ce qui exerce une poussée »[1] ; sa source est biologique, mais elle en est la traduction psychique : elle se situe aux limites du corps et du psychisme. Elle se caractérise par son but (l'obtention d'une satisfaction), et par son objet (situé dans le monde extérieur, et qui peut procurer cette satisfaction). La source est en tant que telle insuppressible ; le but est toujours d'obtenir la satisfaction ; l'objet, lui, peut varier, tant qu'il apparaît propre à la procurer. Dans un premier temps, Freud avait distingué deux grands types de pulsions, sexuelles et d' « autoconservation » (ces dernières étant aussi désignées comme « pulsions du moi »). Dans la première période de son œuvre, négligeant quelque peu les pulsions d'autoconservation, il avait mis progressivement l'accent sur les pulsions sexuelles, du fait même de la centration de ses intérêts sur le développement libidinal, la castration, l'Œdipe. En 1914 cependant, un texte intitulé « Pour introduire le narcissisme »

1. « Pulsion » traduit l'allemand *Trieb*, qui indique une poussée, un mouvement, une tendance. Les textes de référence sont « Pulsions et destins des pulsions », 1915, et « Au-delà du principe de plaisir », 1920.

était venu renouveler la position du problème : par ce concept, il s'agissait en effet de décrire le mouvement par lequel le Moi « se prend lui-même comme objet d'amour », la libido pouvant se déplacer, « refluer », selon les circonstances et les modalités du fonctionnement psychique, des objets vers le Moi, et *vice versa.* Il s'agissait cependant encore là du Moi « global » de la première topique. Le grand remaniement de 1920-1923 change sensiblement la donne : le Moi, soumis aux poussées pulsionnelles issues du Ça, vise à se faire aimer, non seulement de ses objets, mais aussi du Surmoi lui-même, en se soumettant à ses impératifs. Les conflits incessants auxquels il est soumis, et les compromis qu'il doit consentir, sont régis par l'équilibre dynamique entre deux pulsions fondamentales, les « pulsions de vie » et les « pulsions de mort » (« Eros » et « Thanatos »; Freud reprend là une longue tradition philosophique, qui remonte à Empédocle). La pulsion de vie lie, organise, la pulsion de mort délie, désagrège, détruit; toute existence suit une trajectoire régie par leur équilibre.

Ce nouveau couple pulsionnel va donner une meilleure assise théorique à l'ambivalence fondamentale qui, d'emblée, avait été attachée au complexe d'Œdipe. Le même objet peut être à la fois investi par les pulsions de vie (reformulation des pulsions sexuelles de la première théorie) et par la destructivité de la pulsion de mort (pour une part reformulation de l'agressivité, qui n'avait pas trouvé de statut clair dans la première théorie); le même objet peut être à la fois objet d'amour et objet de haine, ceci dès ses origines. Mais, ainsi que nous l'avons souligné dans le précédent chapitre, ce qui est spécifique de l'organisation œdipienne, c'est la différenciation de deux images parentales, qui conduit à élire comme objet d'amour préférentiel l'une de ces images (le parent de sexe opposé dans le versant positif de l'Œdipe) en la déchargeant de la haine focalisée sur l'autre (et *vice versa,* dans le versant dit négatif de l'Œdipe). Il s'agit, répétons-le, de mouvements transitoires et réversibles, avec cependant une nette prévalence du versant positif dans l'évolution « normale ».

C'est dans ce cadre général que Freud propose en 1923 la théorie de l'Œdipe complet. On va voir comment celle-ci donne un nouveau statut et une importance accrue au jeu des identifications dans la constitution du Moi.

III. — Les identifications œdipiennes

Le terme « identification » est passé dans le langage courant ; selon le petit *Larousse*, « s'identifier » à quelqu'un, c'est « se rendre en pensée identique à » cette personne. Il est intéressant de noter l'ambiguïté fondamentale des termes de la série sémantique « identité-identification » : l' « identité » d'une personne est ce qui, à l'inverse de l'identification, la rend à nul autre pareille... Cette ambiguïté se retrouve en fait dans la conception psychanalytique des processus d'identification, considérés comme essentiels dans le développement de la personnalité : c'est en se rendant « en pensée » semblable (et non pas identique) à d'autres que l'enfant devient lui-même, différent de tout autre. C'est alors à partir d'un jeu d'identifications multiples et de leur intégration dans le Moi que se constituera l'identité personnelle.

Suivant l'observation la plus banale, l'identification concerne l'ensemble des processus psychiques par lesquels le Moi tend à se rendre « semblable » (ou, par opposition, « dissemblable ») à telle ou telle personne, et, en deçà, à tel ou tel aspect de ses propres « objets internes ». Il peut s'agir de l'imitation volontaire d'un modèle, ou, *a contrario*, de l'effort pour être tout autre qu'un modèle jugé « négatif » ; mais il peut aussi s'agir de reproductions parfaitement inconscientes d'attitudes, de conduites, de traits de personnalité, de jugements moraux, etc., que le sujet copie à son insu de personnes, réelles ou imaginaires, et qui procèdent de ses modèles internes.

Cependant, il est essentiel de ne pas confondre identification et imitation. Certes, Freud avait d'abord, dans les années 1895-1900, décrit les symptômes hystériques comme des phénomènes d' « imitation »; mais il a ensuite progressivement abandonné cette notion, trop marquée par l'implication d'une reproduction consciente et volontaire, soulignant au contraire l'importance des fantasmes inconscients qui sous-tendent les identifications hystériques. Ainsi a commencé à se dégager la notion psychanalytique d' « identification ». Au fil de son élaboration, l'accent sera mis de plus en plus sur les processus dynamiques qui la permettent et la fondent. Une étape importante sera marquée par la référence à un modèle d' « incorporation » dégagé par l'étude du processus mélancolique[1]. Selon Freud en effet, tout se passe alors comme si au cœur du Moi s'installait de façon envahissante, aliénante, un objet tout à la fois ressenti comme irrémédiablement perdu et cependant vigoureusement préservé par cette inclusion dans le Moi : il y a alors « incorporation dans le moi » de l'objet perdu. Le processus normal du deuil, après la perte d'un être cher, présente les mêmes caractéristiques, à cette différence près que le « travail du deuil » conduit progressivement au désinvestissement de l'objet perdu grâce à l'investissement de nouveaux objets : le mélancolique, lui, s'avère incapable de faire ce travail de deuil (« Deuil et mélancolie », 1917). La référence est importante dans la reformulation de la théorie de l'Œdipe, puisque le renoncement à la réalisation des désirs incestueux correspondra, précisément, à un « travail de deuil ».

Dans le cadre de sa seconde topique, Freud précise ainsi l'un des moteurs dynamiques de l'identification :

1. Le terme « mélancolie » est à prendre ici au sens psychiatrique, où il s'agit d'états graves, et non pas au sens banal.

« Quand le moi adopte les traits de l'objet, il s'impose pour ainsi dire lui-même au ça comme objet d'amour (...) en disant : "tu peux m'aimer moi aussi, vois comme je ressemble à l'objet" (...mais les choses sont compliquées...) deux facteurs sont responsables de cette complexité : la disposition triangulaire de la relation œdipienne et la bisexualité constitutionnelle de l'individu » (« Le Moi et le Ça », 242-244).

C'est bien en effet cette « disposition triangulaire », intégrant la différence des sexes, qui va donner aux identifications de la période œdipienne leur statut d'identifications *sexuées*, propres à fonder psychiquement l'identité sexuelle de chacun.

C'est peu de dire que les choses deviennent alors compliquées... Car il ne s'agit pas moins que d'intégrer et de « sédimenter » dans le Moi deux identifications qui ne cesseront alors de coexister, l'une à la mère et l'autre au père : « On peut donc admettre comme résultat le plus général de la phase sexuelle dominée par le complexe d'Œdipe une sédimentation dans le Moi qui consiste dans la production de ces deux identifications accordées de quelque façon l'une à l'autre » (« Le Moi et le Ça », p. 246). Ces deux identifications, cependant, ne sont pas équivalentes, et elles peuvent s' « accorder » selon des modalités bien différentes. La prévalence de l'un des deux versants de l'Œdipe conduit à une identification dominante fondatrice de l'identité sexuelle du sujet ; dans le cas le plus fréquent, où prévaut le versant positif de l'Œdipe, c'est l'identification au parent de même sexe qui domine.

Dans cette optique théorique, les processus d'identification ouvrent une issue au conflit œdipien. Par là en effet peut se trouver résolu le conflit d'ambivalence qui concernait les objets parentaux, lorsque chacun était alternativement objet d'amour et de haine suivant l'un ou l'autre versant de l'Œdipe. De plus, ces identifications viennent réparer, dans une certaine mesure, la frustration et la blessure narcissique infligées à l'enfant par l'impossibilité de réalisation de ses désirs œdipiens. Cette impossibilité est liée, comme on l'a vu, à l'interdit qui frappe les désirs incestueux, un interdit que véhicule et signifie (particulièrement pour le garçon) la menace de castration ; elle est également liée à l'immaturité sexuelle (biologique) de l'enfant, qui se trouve alors gravement désillusionné de ses fantasmes de toute-puissance.

Pour comprendre comment les identifications œdipiennes peuvent avoir de tels effets dynamiques et structurants, il faut tenir compte d'une autre forme d'identification, dite « primaire », dans laquelle Freud voyait « la forme la plus précoce et la plus originaire d'attachement à l'objet » (Freud, 1921, p. 169). En une formule assez énigmatique, il la désigne comme une « identification au père de la préhistoire personnelle », ajoutant cependant en note « ou du moins aux parents »... Nous nous sommes depuis habitués à référer plus directement ces processus d'identification primaire aux premières relations maternelles (cf. chap. V). Quoi qu'il en soit, ce sont là sans doute des processus identificatoires fondamentaux, proches sous leur forme première de l'amour fusionnel des débuts, dont une identité personnelle encore incertaine favorise les mouvements[1]. Par différence avec ces processus d'identification primaire, les identifications de la période œdipienne seront dites « secondaires » dans la mesure où elles supposent la traversée du conflit œdipien et la nécessité de lui trouver une issue.

Ainsi, pour le garçon, l'identification *secondaire* au père pourra « remplacer l'objet paternel du complexe inversé » : l'*identification* « homosexuelle » remplace donc le *choix d'objet* homosexuel. Cette même identification au père lui permet de « conserver l'objet maternel du complexe positif » : le garçon renonce à la possession

1. L'école kleinienne a particulièrement souligné le jeu de ces identifications précoces, où « avoir le sein » et « être le sein » sont équivalents.

de sa mère mais préserve et prépare par cette identification paternelle (masculine) la possibilité d'investir ultérieurement un nouvel objet féminin (autre que la mère). Une telle identification au père, normalement prévalente chez le garçon, n'exclut pas pour autant une identification concomitante à la mère. « Dans la marque plus ou moins forte des deux identifications se reflétera l'inégalité des deux dispositions sexuelles », hétérosexuelle ou homosexuelle (« Le Moi et le Ça », p. 246).

Dès lors, chez le garçon le père est posé comme modèle ; et la rivalité avec ce modèle devient compatible avec l'amour et l'admiration que lui porte l'enfant. Peuvent néanmoins subsister le conflit entre le désir de le vaincre, d'être plus fort, plus séduisant, plus brillant, de mieux réussir, etc., et de multiples peurs : peur de trop bien réussir, et d'écraser ce père cependant aimé, mais aussi peurs contraires de ne pouvoir démontrer que sa propre faiblesse, d'être objet de raillerie, de mépris, de rétorsions douloureuses, etc. Cet aspect du conflit œdipien est particulièrement intense et durable, bien au-delà de la relative accalmie de la « période de latence » ; on en saisit bien la résurgence, de façon parfois dramatique, chez certains adolescents, et la permanence chez certains adultes. Bien des inhibitions et des échecs (dans la scolarité, puis dans la vie professionnelle et la vie amoureuse) trouvent là un élément d'explication majeur.

Quelles que soient les difficultés, cette possibilité d'*être comme* le parent de même sexe va être un facteur essentiel de la « résolution » du complexe d'Œdipe : je serai comme mon père (ma mère), mais avec une autre femme (un autre homme). L'objet désiré ne sera plus dès lors le parent de l'autre sexe, mais une autre personne qui lui est « semblable » (par son appartenance sexuelle mais aussi par bien d'autres caractéristiques). Il est de plus nécessaire que ce nouvel objet ne se limite pas à constituer un simple substitut œdipien.

Le changement d'objet s'effectue sur cette modalité de la même façon pour la fille et pour le garçon. Cependant, les choses sont sans doute plus complexes pour les filles. Chez elles, en effet, un premier « changement d'objet » a été nécessaire dès la phase infantile de l'Œdipe. Son désir a dû alors se déplacer de la mère, premier objet d'amour et d'investissement pour elle aussi bien que pour le garçon, vers le père. Ceci introduit de sensibles différences entre les deux sexes quant au développement et à la « résolution » du complexe d'Œdipe, le jeu des identifications œdipiennes s'en trouvant modulé différemment.

Les identifications œdipiennes jouent donc un rôle essentiel dans la constitution du Moi, c'est-à-dire dans l'édification de la personnalité propre à chacun (le *Vocabulaire de la Psychanalyse,* de Laplanche et Pontalis, écrit lapidairement dans sa définition de l'identification : « la personnalité se constitue et se différencie par une série d'identifications »).

C'est en effet à éprouver sa permanence au cours de ces fluctuations identificatoires que le Moi trouve progressivement son identité et son autonomie, et que pourront se mettre en place ses différenciations, le Surmoi et l'Idéal du Moi. La « sortie de l'Œdipe », selon une expression consacrée bien que contestable, sera dès lors permise par le jeu complexe d'identifications plus souples et mieux relativisées, avec un couple parental remis à bonne distance. Mais il y faut accepter un sacrifice majeur : renoncer, pour toujours, à la satisfaction directe des désirs œdipiens. Il s'agit là d'une étape décisive dans la suite des renoncements qui jalonnent la vie humaine, après ceux de la première enfance[1], et avant ceux qui marqueront l'adolescence

1. Perte du sein, perte de l'objet lors de l'absence de la mère, perte redoutée de l'amour de l'objet, perte du contenu intestinal, perte du parent rival fantasmatiquement supprimé, perte d'une partie vitale de soi dans l'angoisse de castration, perte de la vie elle-même...

puis la vie adulte ; les renoncements et les déchirements de la vie amoureuse en resteront marqués.

IV. — Le Surmoi « héritier du complexe d'Œdipe »

C'est dans le même mouvement de dégagement du conflit, et en relations étroites avec les identifications postœdipiennes constitutives du Moi, que s'inscrit la différenciation du Surmoi, de ce fait désigné comme l' « héritier du complexe d'Œdipe ».

Tout un ensemble d'obligations et d'interdits sont ressentis comme édictés par une instance extérieure à soi (« il faut », « on ne doit pas », etc.), comme transcendant le Moi (« transcendant » signifiant : extérieur et supérieur : c'est la caractéristique essentielle de toute divinité représentative de ce système d'obligations et d'interdictions). Cette transcendance est intériorisée comme Surmoi, et devient par là partie intégrante de la personnalité. Le Surmoi tend à se confondre avec ce qu'on nomme plus usuellement la « conscience morale ». Le Moi et le Surmoi peuvent plus ou moins s'accorder, mais ne cessent guère cependant d'être en conflit l'un avec l'autre. Tantôt le Moi se soumet aux obligations et impératifs édictés par le Surmoi, tantôt il proteste, ce qui peut déboucher sur des conduites transgressives. D'autres obligations, que le Moi prend plus directement à son compte, qui définissent sa propre valeur et fondent l'estime de soi, constituent l' « Idéal du Moi ». Pour résumer très schématiquement les relations complexes que le Moi entretient avec le Surmoi et l'Idéal du Moi, on peut considérer que le Surmoi est une instance plutôt interdictrice, et l'Idéal du Moi une instance plus proche du Moi et plus conforme à ses aspirations narcissiques.

Une idée particulièrement importante de Freud est que le Surmoi se constitue, non seulement à l'image des parents, mais plus encore à l'image du Surmoi des parents. Ainsi, le couple Surmoi-Idéal du Moi assure une fonction essentielle : la transmission des valeurs collectives, des règles qui en assurent le respect, et même des institutions qu'elles fondent. De ce fait même, l'« héritage » du complexe d'Œdipe assure le développement des civilisations.

Cependant, il faut ajouter que le Surmoi « hérite » aussi d'éléments archaïques. Selon Freud, ses racines plongent profondément dans le Ça. Il s'alimente pour une part de la destructivité primaire; celle-ci, selon la deuxième théorie des pulsions, est antagoniste des mouvements pulsionnels de vie qui tendent vers une organisation susceptible d'intégrer les pulsions sexuelles. Le Surmoi, lorsqu'il reste lié à la phase sadique-anale du développement psychosexuel, peut apparaître lui-même « sadique »; il exerce alors sur le Moi une emprise cruelle et persécutrice, comme on le voit notamment dans la névrose obsessionnelle.

Ainsi que nous l'avons indiqué plus haut (chap. V, C), Melanie Klein et ses successeurs ont fortement mis l'accent sur ces racines archaïques du Surmoi, dès lors défini comme un Surmoi précoce dont la cruauté marque la crise œdipienne de façon dramatique : « L'angoisse née du conflit œdipien prend la forme d'une peur d'être dévoré et détruit. L'enfant lui-même désire détruire l'objet libidinal en le mordant, en le dévorant, en le découpant, d'où l'angoisse (...) L'enfant craint une punition correspondant à l'offense : le Surmoi devient une chose qui mord, qui dévore et qui coupe » (« Les stades précoces du conflit œdipien », *in* Klein, 1967). La naissance du Surmoi est donc située par Melanie Klein beaucoup plus tôt que par Freud : à un moment où les phases sadique-orale et sadique-anale sont encore prévalentes, ce qui explique son sadisme et sa sévérité face à un Moi encore fragile.

Ces idées ont été amplement vérifiées dans de nombreux cas cliniques, et rendent bien compte de certains modes de structuration psychique. Cependant, il est clair qu'une hétérogénéité fondamentale sépare ce Surmoi archaïque du Surmoi « héritier du complexe d'Œdipe » défini par Freud. L'Œdipe lui-même risque alors de perdre, dans cette approche, sa spécificité majeure, qui pour Freud était de se fonder sur la prédominance des zones érogènes génitales et sur l'angoisse de castration. Il faut d'ailleurs remarquer que, dans la théorie kleinienne, l'angoisse de castration est dans la continuité directe des angoisses primitives de morcellement, et ne prend aucune spécificité organisatrice qui les en distinguerait.

Il semble donc préférable de rester en la matière plus proche des vues de Freud lui-même ; celles-ci permettent de mieux analyser les mouvements régressifs et de réorganisation progrédiente qui marquent l'évolution et les achoppements des conflits œdipiens. C'est en effet bien souvent l'insuffisance d'élaboration de ces conflits qui, renvoyant régressivement le sujet à des phases plus archaïques de son développement, le rend particulièrement vulnérable aux effets destructeurs d'un Surmoi lui-même archaïque, corrélatifs d'une insuffisance du Surmoi postœdipien.

La « période de latence », qui s'installe dans la seconde enfance (soit à peu près ce qui correspond à l'époque de la scolarité primaire) marque le dégagement du conflit œdipien. C'est une période essentielle pour l'édification du Moi et la mise en place de ses défenses organisatrices. L'enfant y devient plus libre de développer ses curiosités, ses activités, ses habiletés, sa prise sur le monde, ses relations avec les êtres et les choses ; il y gagne considérablement en autonomie personnelle et en adaptation. Si tout se passe au mieux, c'est une période heureuse, de bonne entente avec l'entourage, et d'abord avec les parents. Ces transformations de la période de latence sont essentielles pour aborder dans les meilleures conditions possibles les remaniements décisifs de la période pubertaire et de l'adolescence.

Chapitre VII

AU-DELÀ DU COMPLEXE

I. — La réactivation de l'Œdipe à l'adolescence et le passage à l'organisation génitale adulte

Succédant à la période de latence, la puberté marque le passage de la sexualité infantile à une sexualité adulte fondée sur la maturité des fonctions sexuelles, au sens biologique du terme. Alors le corps se transforme avec évidence, et se déclenchent des besoins sexuels particulièrement intenses, dont les répercussions psychiques sont considérables. En accédant ainsi aux possibilités *biologiques* de la reproduction, l'adolescent(e) se dégage à cet égard de sa situation antérieure d'impuissance infantile. Il (elle) peut désormais être *réellement* père ou mère, et c'est alors que va devoir se rejouer et s'intégrer tout autrement la différence des générations.

La nécessité de ces remaniements, et la très vive poussée pulsionnelle qui en est la source, provoquent une reviviscence, parfois spectaculaire, du conflit œdipien. Cependant, du fait des refoulements secondaires de la période postœdipienne de l'enfance, et notamment de l' « amnésie infantile » qui en a résulté, les enjeux de ce conflit sont devenus tout à fait inconscients. Ils s'expriment donc principalement par la médiation de défenses activement mises en œuvre pour maintenir le refoulement. La défense la plus fréquente opposée à la réactivation œdipienne conduit l'adolescent à accentuer la distance à l'égard de ses parents; ceci d'autant plus que cette mise à distance lui apparaît nécessaire pour désinvestir les liens infantiles et s'affranchir de la dépendance qui en résulte. Ainsi peut-on comprendre ce qui est d'observation courante : la « crise d'adolescence » est banalement marquée par des conduites d'opposition et de provocation à l'encontre des parents.

Cependant, les remaniements nécessaires au cours de l'adolescence sont d'une ampleur telle que le sujet s'y trouve particulièrement exposé à des régressions, voire à certaines désorganisations plus ou moins importantes, plus ou moins transitoires, de la personnalité (Jeammet, 1990). Ces résurgences régressives peuvent conduire à des déviances sociales ou/et à des troubles psychopathologiques graves chez les sujets les plus fragiles[1].

Les réactions des parents face à ces difficultés, leurs qualités relationnelles, leur souplesse réadaptative, jouent à cette époque un rôle essentiel. Il est notoire que certains parents vivent difficilement la puberté et l'adolescence de leurs enfants, et qu'ils acceptent mal l'autonomisation de l'enfant qui devient adulte. Il leur faut en effet remanier leurs propres investissements objectaux et narcissiques. Comme dans toute crise de la vie, ces remaniements réactivent chez les parents les traces de leurs propres conflits œdipiens : les enfants deviennent alors, potentiellement, des rivaux sexuels, qui risquent, du fait même de leur jeunesse, de prendre l'avantage. Ces difficultés procèdent également chez les parents de leurs propres « mouvements contre-œdipiens » : le père, la mère, peuvent ressentir un certain trouble face à cette femme, cet homme, que devient leur enfant. Ces mouvements, s'ils sont généralement méconnus, voire culpabilisés, n'en existent pas moins. C'est donc, aussi pour les parents une période délicate. Dans les meilleurs cas ils peuvent y trouver l'occasion

1. Il existe sur ces questions une abondante littérature psychanalytique ; on pourra consulter l'ouvrage de Raymond Cahn, 1991.

d'une « seconde jeunesse », un enrichissement de leur relation de couple, un regain de leurs intérêts sociaux, etc. ; dans les moins bons, ils voient se profiler leur propre déclin, l'approche de la vieillesse et de la mort.

Quoi qu'il en soit, les remaniements de l'adolescence vont permettre que le sujet — s'il n'achoppe pas trop sur ces difficultés — accède à l'*organisation génitale adulte*, phase finale du développement psychosexuel, dont un premier temps était l'organisation génitale *infantile*. Ce « biphasisme » de la sexualité humaine est sans doute l'un des axes majeurs de la théorie freudienne : au-delà des inscriptions inconscientes de la phase infantile de la sexualité, les remaniements postpubertaires sont décisifs. Ces remaniements intègrent alors les acquisitions sociales et culturelles permises par la longue période de latence qui a succédé à la phase infantile de l'Œdipe. C'est alors que se jouent les « destins de l'Œdipe » envisagés dans ce chapitre.

II. — L'organisation génitale adulte

La sortie de l'adolescence voit se préciser, dans les premiers choix amoureux durables, la tendance sexuelle dominante du sujet (hétérosexualité ou homosexualité). On sait que les expériences sexuelles de l'adolescence sont souvent marquées par les incertitudes et les fluctuations possibles de ces choix, notamment dans la période contemporaine, plus permissive quant à ces premières expériences.

On a parfois reproché à la notion d'organisation génitale adulte, telle qu'elle a été développée en psychanalyse, d'être par trop normative et moralisante[1].

1. Notamment au moment et à la suite du grand mouvement contestataire de 1968, où aux citations de Reich ou de Marcuse s'associaient des slogans invitant à « jouir sans entraves » ou interdisant d'interdire...

Etrange paradoxe en vérité, si l'on pense au scandale suscité d'abord par la psychanalyse du fait même de la place qu'elle accorde à la sexualité. Contradictoirement, selon les moments et selon les contextes culturels, on a cru pouvoir dénoncer aussi bien, mais toujours d'une manière réductrice et partiale, le « pan-sexualisme » de Freud que sa normativité moralisatrice...

Il reste vrai que le modèle de l'organisation génitale adulte implique le choix d'un objet hétérosexuel, conduisant à reproduire dans un couple sexué ce que fut pour l'enfant le couple de ses parents. Cela suppose cependant que ceux-ci, ou leurs images internalisées de la phase œdipienne, aient été suffisamment différenciés par leurs caractères sexués. Les fantasmes de « scène primitive », dont on a vu l'importance dans l'observation de l'Homme aux Loups (chap. IV), ont alors fixé dans l'inconscient des représentations de relations sexuelles et amoureuses impliquant la différence des sexes, ainsi que la distinction de rôles ou de caractères masculins et féminins.

Catherine Parat (1967) a exploré et développé les implications du modèle théorique de l' « organisation œdipienne du stade génital »[1]. Il s'agit bien là de l'organisation adulte, héritière de l'Œdipe, mais qui suppose le renoncement aux objets œdipiens de l'enfance : une trop forte « fixation » à ces derniers, qui ferait des nouveaux objets de simples « substituts » œdipiens, ne peut en effet qu'entraver cette réorganisation, et signer l'échec des potentialités organisatrices de l'Œdipe infantile.

Ceci cependant pose un problème difficile, et contro-

C'est dans ce contexte que s'est développé un mouvement dit de l' « anti-Œdipe », dont les figures de proue étaient Deleuze et Guattari, mais qui paraît aujourd'hui bien dépassé (cf. J. Chasseguet-Smirgel *et al.*, 1974).

1. Cet auteur souligne clairement qu'il s'agit là d' « un des modes possibles de la vie humaine », sans doute l'un des plus banals, mais qui n'exclut pas la possibilité d'autres modes d'organisation.

versé, concernant l'idée que pourrait « disparaître » le complexe d'Œdipe. La question a été posée par Freud lui-même dans un article de 1923, où il décrit la manière dont ce complexe « disparaît », « périt », lorsque « le temps de sa dissolution est venu, tout comme les dents de lait tombent quand poussent les dents définitives »... Ce processus « équivaut, si les choses s'accomplissent de manière idéale, à une destruction et à une suppression du complexe » (Freud, 1923*a*). Il est clair que ce qui est ainsi appelé à disparaître est en fait relatif au « complexe » œdipien, tel qu'il est articulé dans sa phase infantile avec l'organisation *phallique*. Cette organisation, qui suppose le « primat du phallus » dans les deux sexes, devra évidemment être dépassée pour que soit définitivement reconnue la spécificité sexuelle de chacun, homme ou femme. De plus, la « disparition » concerne évidemment le *conflit* œdipien et non le *mode d'organisation* qui en résulte. Enfin, il est bien évident que les refoulements secondaires des motions et des fantasmes de la période œdipienne restent inscrits dans l'inconscient et sont susceptibles à tout moment de s'exprimer dans un « retour du refoulé » (notamment par des symptômes, ou, plus banalement, dans les rêves). On comprendrait mal autrement comment le complexe d'Œdipe pourrait être réactualisé dans la cure analytique et s'y exprimer dans le transfert...

C. Parat insiste sur l'idée que l'organisation génitale œdipienne (que nous préférons ici nommer « postœdipienne » pour éviter la confusion avec l'organisation œdipienne de la phase infantile) est celle qui peut *intégrer* et *articuler* au mieux les deux versants, hétérosexuel et homosexuel, de l'Œdipe. Les investissements érotiques de l'Œdipe positif se reportent alors sur le partenaire sexuel du couple, tandis que les investissements homosexuels (liés au versant de l'Œdipe inversé) viennent alimenter, sous une forme plus ou moins désexualisée, les investissements relationnels concernant les « autres » extérieurs au couple sexuel : parents, amis, figures sociales, voire institutions. Le destin de ces investissements « homosexuels », qui concernaient dans l'enfance le parent rival, contribue, ainsi que nous l'avons dit plus haut, à la formation du Surmoi et à l'investissement des valeurs morales et sociales.

Il ne faut pas croire, cependant, que l'organisation génitale adulte constitue un fonctionnement figé : elle ne correspond pas à « un état étale et stabilisé, acquis une fois pour toutes, mais bien au contraire à une situation d'équilibre mobile et en perpétuel remaniement, puisqu'elle est la résultante du jeu vivant des deux variétés d'investissements qui la constituent, et qui restent eux-mêmes soumis à la mobilité et à la variabilité de tout ce qui est vivant » (C. Parat, 1967).

Désexualisation et sublimation. — Selon sa définition la plus simple, la *sublimation* est un processus qui transpose un mouvement pulsionnel en le « désexualisant » : lorsque le sujet renonce à l'atteinte du but sexuel, c'est-à-dire à une satisfaction sexuelle *stricto sensu*, il se produit une transformation de la pulsion sexuelle qui lui permet d'investir d'autres types d'activités, comme les activités artistiques ou d'investigation intellectuelle. Du fait de cette transformation, ces activités ne sauraient être considérées comme de simples satisfactions substitutives ; cependant elles utilisent, en la dérivant vers de nouveaux buts, la *force* de la pulsion sexuelle. On a déjà vu comment un processus analogue de transformation permettait de remplacer un investissement érotique par une identification. Mais la notion de sublimation implique de plus que les nouveaux buts investis soient *socialement valorisés* : la sublimation est donc étroitement liée aux valeurs sociales et à leur inscription dans l'Idéal du Moi.

La sublimation est parfois difficile à distinguer de

« formations réactionnelles » qui, plus directement liées à des processus névrotiques, peuvent apparaître moins positives. Les formations réactionnelles, en effet, prennent le contre-pied d'un désir dont la satisfaction est interdite par le Surmoi, et par là permettent *a contrario* la satisfaction de ce désir tout en le masquant. D'où les déviations moralisatrices passionnelles et les excès possibles de certaines idéologies à visée ostensiblement altruiste. Le destin de sublimations suffisamment dégagées de ces formations réactionnelles dépend pour une part importante de la fonction structurante d'un Surmoi postœdipien libéré de ses éléments archaïques (voir chap. VI).

On se réfère en général, pour mettre en évidence les processus de sublimation, aux activités culturelles les plus prestigieuses : arts, littérature, recherche scientifique, etc., et, de façon plus générale, à des activités créatrices. La sublimation apparaît alors cadrée par une idéalisation collective, véhiculée par la culture, des buts les plus « élevés » de l'activité humaine. Cela pourrait donner à penser que la sublimation est exceptionnelle, et qu'on ne la rencontrerait que chez des personnes remarquables. Il s'agit en fait d'un phénomène beaucoup plus général, qui constitue l'assise des sentiments sociaux au sens le plus large : on peut en prendre pour exemple l'amitié, ou les sentiments affectueux qui s'instaurent dans la vie adulte avec les parents, les frères et sœurs, etc. On peut en effet considérer que l'amitié dérive de la désexualisation des mouvements homosexuels, qui trouvent ainsi à se satisfaire à l'écart de buts directement sexuels (ceci qu'il s'agisse d'amitié avec une personne du même sexe ou non). Les relations amoureuses elles-mêmes peuvent intégrer ces composantes, lorsqu'elles impliquent, outre les satisfactions sexuelles, la tendresse partagée et la poursuite en commun de buts sociaux.

Freud lui-même avait peu théorisé les liens de la sublimation et de l'Œdipe. Mais il avait bien souligné que le renoncement aux satisfactions les plus crues des pulsions (notamment des « pulsions partielles » qui sont les résidus des étapes prégénitales de la sexualité infantile, et qui sont normalement *intégrées* dans la génitalité adulte) « met à la disposition du travail culturel une quantité extraordinaire de forces » (Freud, 1908*b*). Ainsi le renoncement œdipien et son « héritage » apparaissent bien comme les moteurs des progrès possibles de la civilisation.

Tout ceci montre à quel point l'épanouissement des aspirations humaines, leur diversité, leur intégration dans la personnalité, dépendent de l'élaboration, « au-delà du complexe », de l'organisation œdipienne.

III. — Les différenciations structurelles

Dans ce qui précède, nous avons mis l'accent sur les caractéristiques générales de l'Œdipe, en tant que *modèle* du développement et du fonctionnement psychiques ; et, dès le premier chapitre, nous avions posé que ce modèle pouvait être considéré comme valable pour tout être humain. Bien entendu, il reste indispensable d'en spécifier les modulations en fonction du sexe, mais aussi en fonction des contextes et des traditions culturelles, des positions et des pratiques éducatives, etc. Ceci cependant ne suffit pas pour rendre compte des modulations *individuelles*. Pour chaque personne, la trajectoire du parcours œdipien et la structure de fonctionnement qui en résulte prennent des modalités particulières.

Une tradition déjà ancienne conduit à mettre de l'ordre dans la diversité du vivant par l'instauration d'une classification, d'une taxinomie qui organise des classes exclusives et hiérarchisées. Cette démarche a connu en botanique et en zoologie des succès évidents ; en médecine et en psychiatrie, elle a conduit à l'instauration de nosographies qui repèrent et distinguent les variantes pathologiques du corps, du psychisme et de leur fonctionnement. S'il existe une nosographie psychanalytique — l'idée même est controversée — elle obéit à une autre logique : il ne s'agit pas d'organiser des classes exclusives et hiérarchisées, mais de décrire des variantes de développement et de fonctionnement. Il s'agit là encore de *modèles*, qui décrivent une organisation fonctionnelle bien caractérisée, une organisation qui cependant peut n'être exactement réalisée en aucun individu.

Cette précision était sans doute utile pour bien poser la question : comment rendre compte de l'extrême diversité des organisations œdipiennes et postœdipiennes ? Et peut-on comprendre *tout* fonctionnement psychique comme résultant des conflits œdipiens ?

1. **Strates, fixations, régressions.** — Le schéma développemental dont nous avons défini les grandes lignes dans les chapitres précédents pourrait laisser supposer que, lorsqu'une étape est atteinte, tout ce qui caractérisait les fonctionnements antérieurs disparaît. Il n'en est rien.

L'approche psychanalytique diffère en effet ici d'autres approches développementales : on peut rappeler à cet égard la position de Piaget, particulièrement claire sur ce problème. Selon cet auteur, lorsque l'enfant parvient à un certain « stade », c'est-à-dire réorganise l'ensemble de ses opérations cognitives à un plus haut niveau de complexité, il s'agit d'une « rééquilibration majorante » : la nouvelle structure cognitive englobe et résorbe la structure du niveau précédent, qu'elle remplace et annule. Sauf accident, fatigue passagère, etc., la régression à un niveau de fonctionnement antérieur (et inférieur) est impossible, et inconcevable la coexistence, en un même sujet, de niveaux de fonctionnement différents. Ceci certes se limitait, de l'aveu même de Piaget, aux fonctionnements cognitifs, et de plus au cas idéal du « sujet épistémique », être abstrait correspondant à un modèle bien plus qu'à une personne réelle; au plan même des opérations de pensée, ceci a cependant pu être contesté. D'emblée, Freud avait pris un parti différent, qui reste central dans la pensée psychanalytique contemporaine. Dès ses *Etudes sur l'hystérie* en effet, il concevait le symptôme comme témoignant de la persistance, en général ignorée du sujet lui-même, de « traces mnésiques » subsistant en enclave au sein d'une organisation plus évoluée (« l'hystérique souffre de réminiscences ») : il y a « fixation » d'un point pathogène. Par généralisation, un mode de fonctionnement « pathologique » — de l'hystérique, du phobique, etc. — témoigne de telles fixations. C'est le cas lorsque, au sein de la structure atteinte par l'adulte, restent actives des modalités fonctionnelles caractéristiques de l'organisation génitale infantile, mais aussi de ses étapes prégénitales. Il se peut d'ailleurs que ces éléments, subsistant en enclave dans l'organisation adulte, y restent inapparentes dans les circonstances ordinaires de la vie, mais se réactivent à la faveur de circonstances particulières : il y a régression.

La pensée psychanalytique moderne généralise ces propositions. Sans doute ces phénomènes de fixation/régression sont-ils particulièrement nets dans les cas dits pathologiques; mais on admet que *tout* fonctionnement psychique, si « normal » soit-il, admet la coexistence de « strates » fonctionnelles différentes : toute l'histoire reste inscrite, non seulement en ce qui concerne les « traces mnésiques », mais aussi et surtout en ce qui concerne des modalités fonctionnelles caractéristiques de différentes étapes. Pour n'en prendre que cet exemple, déjà cité plus haut, les jeux amoureux les plus « normaux » en témoignent, en admettant des plaisirs référés aux zones orales et anales.

Cette coexistence de niveaux fonctionnels différents au sein d'une même structure peut cependant prendre des formes très diverses. Le cas le plus favorable est celui d'une bonne intégration de strates différentes dans l'organisation adulte ; cette intégration même autorise, sans angoisse, des régressions temporaires à des strates anciennes. Ceci selon les moments et les activités, selon par exemple qu'il s'agit du travail professionnel ou bien d'activités ludiques et de rêveries, ou de l'écart qui sépare une activité intellectuelle du plaisir artistique ; selon aussi les modalités relationnelles qui peuvent s'établir avec des personnes différentes, selon les circonstances, etc. La possibilité de s'autoriser des mouvements régressifs souples et suffisamment contrôlés signe des personnalités particulièrement riches et créatives. Parvenir à un tel mode de fonctionnement est une visée majeure de la cure psychanalytique, qui favorise cette possibilité de régression temporaire pour parvenir à une réintégration par le Moi d'aspects fonctionnels auparavant clivés.

Bien souvent, cependant, la coexistence de strates fonctionnelles différentes s'avère moins heureuse. Nombreux sont en effet les cas où, face à des conflits œdipiens particulièrement intenses, se produit un recul défensif qui ramène à des formes antérieures du fonctionnement psychique. Nous avons évoqué plus haut l'analyse de ce type de mouvements dans le cas de l'Homme aux Loups (chap. IV, B) : le petit Serguei, sous la pesée de l'angoisse de castration, régresse vers la phase sadique-anale, qui marque fortement sa période phobique, avant que ne s'opère une réorganisation de type obsessionnel. Lorsque se produisent de tels mouvements de recul devant l'Œdipe, le tableau est dominé par des fixations-régressions prégénitales, du niveau oro-anal. Freud y avait insisté dans un article où il revenait sur la difficile question du « choix de la névrose » (Freud, 1913*a*) : pourquoi les uns évoluent-ils vers l'hystérie, d'autres vers une phobie, d'autres encore vers la névrose obsessionnelle, etc. ? Dans cet article, Freud, centrant son intérêt sur cette dernière, soulignait l'importance de ces fixations : le sujet se trouve ramené à un mode de fonctionnement où « *le primat des zones génitales n'est pas encore instauré,* les pulsions partielles qui dominent cette organisation *prégénitale* de la vie sexuelle étant bien plutôt les pulsions érotico-anales et sadiques »; ceci explique « le rôle extraordinaire que jouent les motions de haine et d'érotisme anal dans la symptomatologie de la névrose obsessionnelle » (les italiques sont de Freud). Un exemple très illustratif en est donné dans les « Remarques sur un cas de névrose obsessionnelle (l' « Homme aux Rats »), où cette symptomatologie est en effet très bruyante, et où Freud consacre tout un chapitre à ce qu'il appelle encore le « complexe paternel »[1], complexe où il voit la clé qui permet de comprendre les troubles graves dont souffrait ce malade.

Il faut en distinguer un autre type de régression, dans laquelle la fixation concerne davantage le conflit œdipien lui-même, sous sa forme infantile liée à l'organisation phallique. Le modèle prévalent est ici celui de l'hystérie; et c'est même l'étude de ce type de phénomènes qui avait conduit Freud au schéma de l'Œdipe, ainsi que nous l'avons souligné plus haut (chap. II).

Bien entendu, ces deux types de fixations-régressions peuvent coexister, et c'est même probablement le cas le plus fréquent. Une telle coexistence peut rester très apparente dans l'observation la plus banale : ainsi, par exemple, lorsqu'on voit un adulte, qui semble tout à fait adapté et efficace au plan professionnel, continuer à se comporter avec son père, sa mère, selon des modalités évidemment infantiles, ou encore manifester un goût excessif pour les plaisanteries scatologiques, etc. Le jeu de ces fixations peut cependant rester masqué, notamment par les formations réactionnelles qui s'opposent à l'expression directe de ces mouvements

1. Rappelons que le terme « complexe d'Œdipe » n'apparaît dans ses écrits qu'en 1910 ; cette étude sur l' « Homme aux Rats » est publiée en 1909 (le texte est repris in *Cinq Psychanalyses*).

régressifs. Les fixations peuvent alors subsister comme « enkystées », et n'apparaître qu'à un regard attentif apte à en interpréter des témoins indirects : il s'agira par exemple de traits « caractériels » tels que le souci excessif de l'ordre et de la propreté, témoignant de la persistance d'une organisation anale ainsi retournée en son contraire par formation réactionnelle. En certains cas, une telle fixation peut se réactiver sous l'impact de circonstances particulières, et s'exprimer par des conduites choquantes, inquiétantes, voire dangereuses, qui paraissent incompréhensibles et frappent d'étonnement l'entourage.

2. **Les structures non œdipiennes.** — Ce qui vient d'être dit des fixations-régressions n'épuise cependant pas l'infinie variété des organisations fonctionnelles. Il est en effet des cas, en général graves, qui ne peuvent se comprendre simplement en termes de recul devant l'Œdipe.

Le cas le plus frappant est celui des autismes infantiles. Il s'agit d'enfants chez qui, pour des raisons complexes, probablement diverses, et en tous cas mal élucidées, le développement psychique achoppe dès ses origines, c'est-à-dire dès les processus fondateurs de l'individuation[1]. Tout se passe comme si la première différenciation intérieur-extérieur, « moi-autre chose », sujet-objet, manquait à s'instaurer dans la seconde

1. Les autismes infantiles font l'objet, depuis une vingtaine d'années, d'un intérêt soutenu de la part des spécialistes ; il s'est développé à ce sujet des controverses souvent empreintes d'une passion qui en obscurcit les termes, et qui trouve écho dans les médias et le grand public. Ces controverses portent en général sur le problème de l'étiologie (pourquoi un enfant est-il autiste ?) et sur les méthodes éducatives et thérapeutiques utilisables. L'approche psychanalytique de ces états, à laquelle il est fait ici allusion, vise à une compréhension du fonctionnement psychique de ces enfants ; elle préjuge en rien ni des étiologies ni des mesures à prendre, et c'est à tort qu'elle en est parfois accusée (cf. R. Perron et D. Ribas (dir.), 1994 ; on trouvera une description très vivante de ces états, et des actions possibles, *in* D. Ribas, *Un cri obscur, l'énigme des enfants autistes,* Calmann-Lévy, 1992).

moitié de la première année de la vie, ou ne s'instaurait que de façon fragile et sans cesse compromise ; dès lors domine une angoisse de dédifférenciation, de néantisation, contre laquelle luttent des mécanismes spécifiques (enfermement dans une « carapace », instaurant cette « forteresse vide » qu'évoquait Bruno Bettelheim, rituels et attachement à des objets-fétiches rassurants, exigence d'immuabilité des personnes et des circonstances, etc.). Il ne s'agit pas là de la simple permanence d'un état premier du développement psychique, mais bien de la mise en place d'organisations pathologiques, assez diverses, et qui ont fait l'objet de descriptions cliniques fines chez des auteurs comme Margaret Mahler, Frances Tustin, Donald Meltzer, Serge Lebovici, René Diatkine, Roger Misès, etc. ; beaucoup de ces travaux, analysant les fantasmes terrifiants auxquels sont livrés ces enfants, s'appuient — surtout chez les anglo-saxons — sur les propositions kleiniennes dont nous avons donné un aperçu plus haut (chap. V). Certaines de ces formes d'autismes infantiles apparaissent très marquées par des mouvements pulsionnels et des fantasmes de type oral et anal ; on est alors encore bien loin de l'Œdipe. Il faut cependant en distinguer des formes plus évoluées, pour lesquelles on parle plus volontiers — en France tout au moins — de « psychoses infantiles ». Sur la base de cette faille fondamentale de constitution du sujet que nous venons d'évoquer s'édifient, via la problématique oro-anale, des superstructures qui peuvent prendre l'allure de la problématique œdipienne (on parle alors parfois d' « œdipification » de la psychose infantile) : les images paternelle et maternelle semblent se différencier, et donner lieu aux mouvements de désir, de rivalité, etc., typiques de l'Œdipe, voire même avec ses deux versants, positif et « inversé ». L'étude fine de ces cas montre cependant que la différence des sexes fondatrice de l'Œdipe reste extrêmement fragile : toute poussée pulsionnelle et fantasmatique un peu vive l'efface, aboutissant à un « père-mère » protéiforme, tour à tour objet de mouvements d'amour et de haine, l'amour fusionnel suscitant une angoisse qui bascule dans la destruction ; l'objet s'effaçant, c'est le sujet lui-même qui se trouve menacé de disparition. Il faut souligner que les mouvements évolutifs, régressifs et de réorganisation progrédiente, sont alors complexes, et que les formes résultantes sont extrêmement diversifiées.

Les psychoses de l'adulte sont bien différentes, même si en certains cas il s'agit de la « réouverture » d'une psychose infantile cicatrisée. La problématique œdipienne peut y être apparemment présente, mais dominée, et en quelque sorte figée, dans des mouvements pulsionnels, fantasmatiques et défensifs, qui renvoient aux étapes pré-œdipiennes caractérisées par l'auto-érotisme et le narcissisme (c'est-à-dire l'étape précoce où le sujet naissant se prenait lui-même pour objet d'amour) : d'où le terme de « névroses narcissiques » utilisé par Freud à propos de certaines psychoses de l'adulte, en particulier la mélancolie.

La période récente a vu le développement d'un vif intérêt pour des formes « entre névrose et psychose », qualifiées d' « états limites » (*borderline* en anglais), qui évoquent la psychose mais s'en distinguent par une moindre structuration des troubles sur un mode pathologique évident, une meilleure adaptation à la vie courante, etc. ; en ces cas également on peut repérer un certain fonctionnement œdipien, mais très obéré par des éléments prégénitaux, des poussées pulsionnelles, des irruptions fantasmatiques auxquelles s'opposent des mécanismes défensifs à la fois rigides et fragiles[1].

1. Ces états ont fait l'objet d'un vif intérêt dans la période récente ; cf. O. Kernberg, *Les troubles graves de la personnalité*, PUF, 1989 ; J. Bergeret et W. Reid (dir.), *Narcissisme et états limites*, Dunod, 1986 ; Roger Misès, *Pathologies limites de l'enfance*, PUF, 1990.

Chapitre VIII

ACTUALITÉ D'ŒDIPE

Nous avions ouvert ce volume par une prise de position qui pouvait paraître radicale : le complexe d'Œdipe est organisateur du psychisme humain, de *tout* psychisme humain. Il est donc universel, et repérable en deçà des modulations que lui imposent les variations du temps et du lieu. Une telle prise de position procède de raisons et porte des conséquences qui, de toute évidence, vont bien au-delà de la simple discussion scientifique : il ne s'agit de rien moins que de ce qui peut fonder l'unicité de l'espèce humaine, en ce cas considérée au niveau du fonctionnement psychique du sujet. Les enjeux sont considérables : on ne sait que trop ce qui survient lorsque les préjugés du rejet, du racisme, du fanatisme religieux, etc., se parent de rationalisations, voire de théorisations, qui aboutissent à exclure tel ou tel groupe de personnes de la communauté humaine. Ce n'est pas par hasard que certains intégrismes, qui sanctifient la femme en tant que mère mais la soumettent à la tyrannie du mâle, débouchent sur la haine et le meurtre de tout ceux qui prétendent penser autrement.

On ne peut cependant se borner à poser un acte de foi qui ne procéderait que de simples raisons éthiques. Affirmer que le complexe d'Œdipe est universel parce qu'organisateur du psychisme humain, cela pose au psychanalyste de difficiles problèmes. Nous en avons ici tenté la discussion, de façon évidemment trop brève dans les limites de ce petit ouvrage.

Rappelons l'essentiel. La structuration œdipienne procède de la mise en jeu d'une double différence : la différence des sexes et la différence des générations, qui l'une et l'autre sont constitutives en toute culture d'un ordre symbolique. Sur les bases jetées par les premiers moments de l'individuation personnelle se développent des désirs qui se heurtent à des obstacles : l'immaturité et l'impuissance de l'enfant, mais aussi et surtout l'interdit. Les pulsions nées du corps et de ses mouvements, pulsions animatrices de désirs qui se portent vers des objets, s'affrontent à ces obstacles, eux-mêmes pris dans un ordre symbolique qui s'en trouve attaqué et cependant conforté. Ces conflits se développent en une structure complexe, où la maturation du sujet passe par des oscillations entre le versant « positif » de l'Œdipe, d'ordinaire prévalent, et son versant « négatif ». Ces conflits passent par un maximum d'intensité ; il peut en subsister des fixations plus ou moins camouflées, plus ou moins actives. La « résolution » du complexe d'Œdipe, qui débouche sur la période de latence, n'est pas disparition de cette structure complexe, qui restera l'ossature même du psychisme ; elle est apaisement des conflits, par le biais des identifications œdipiennes et par la constitution du Surmoi « héritier du complexe d'Œdipe ». C'est ainsi que l'ordre symbolique s'en trouvera conforté, même si la crise pubertaire provoque une réactivation temporaire des conflits œdipiens avant de déboucher sur l'organisation génitale adulte.

La généralité de ce schéma ne doit pas dissimuler des questions difficiles, dont le traitement théorique en psychanalyse apparaît encore aujourd'hui insatisfaisant en dépit des travaux qui leur ont été consacrés.

Certaines de ces questions concernent la modulation nécessaire, dans le cas de la fille, de ce schéma que Freud avait élaboré en se centrant sur le garçon. Nous sommes revenus sur ce problème à plusieurs reprises au fil de cet ouvrage ; nous ne pouvons nous dissimuler que le lecteur — la lectrice — aura pu trouver ces éléments insuffisants; nous ne pouvions cependant en dire plus sur un problème crucial, aujourd'hui encore en pleine discussion.

D'autres questions concernent les modulations du schéma en fonction des contextes culturels. On peut tenir pour secondaire que les protagonistes soient figurés par les parents biologiques ou par d'autres couples « parentaux »; l'essentiel, tel que nous venons de le rappeler, subsiste. Il n'est cependant pas indifférent que le conflit œdipien soit cadré par tel ou tel ensemble de valeurs, de mythes, de pratiques sociales et éducatives, d'institutions. La crise œdipienne, et le fonctionnement psychique qui en résulte, peuvent alors prendre des allures bien différentes. Il y a là, pour une approche renouvelée, « ethno-psychanalytique », un thème de travail essentiel.

Au sein même de notre culture, Œdipe peut être malade, ainsi qu'en témoignent éloquemment certains aspects de la crise que nous affrontons aujourd'hui. Bien entendu cette crise procède de causes économiques et sociologiques majeures. Aux yeux du psychanalyste cependant le désarroi et la révolte de beaucoup de jeunes procèdent aussi d'autres raisons.

On peut certes évoquer une « crise des valeurs », la dislocation des structures familiales traditionnelles, les insuffisances du système d'éducation, le rôle pernicieux des « grands ensembles », le chômage, etc. Tout ceci sans doute est vrai. Cependant, toute explication simplement sociologique est insuffisante. Si l'on ne veut pas tomber dans une vaine déploration, se borner à prôner un retour autoritaire aux « valeurs du passé », ou se limiter à des propositions de solution en termes économiques, le désarroi et la révolte de beaucoup de jeunes doivent être *aussi* considérés comme des symptômes d'une évolution personnelle douloureuse.

Œdipe est malade lorsqu'il échoue dans sa fonction structurante. Il ne peut réussir dans cette fonction que si, sur la base de processus premiers d'individuation capables d'établir nettement la distinction sujet-objet, les conflits œdipiens prennent une netteté suffisante, et peuvent déboucher sur une heureuse « résolution ». Il est des circonstances où les meilleures conditions d'une telle évolution ne sont pas réunies. Ce sont toutes les situations qui risquent de rendre flous les personnages parentaux, de brouiller la nécessaire différenciation-complémentarité de leurs figures et de leurs rôles; toutes les situations où restent incertains les repères qui permettraient de distinguer les sexes et/ou les générations : familles mono-parentales, enfants « sans père », parfois procréations médicalement assistées, voire adoptions tardives et mal négociées, dessaisissement trop radical de l'enfant aux mains du couple des grands-parents, etc. : ces situations sont fort diverses, mais bien probablement plus fréquentes qu'autrefois.

Bien entendu, les conséquences n'en sont pas nécessairement fâcheuses. Il est à craindre cependant que si, portant elles-mêmes le poids de situations difficiles, les personnes en charge de l'enfant les négocient mal, celui-ci n'échoue à structurer la problématique œdipienne. Il risque alors de se trouver rejeté vers des réactivations prégénitales à type de revendication orale, des conduites violentes où dominent les fixations sadiques-anales, etc. ; parfois, la culpabilité le cède à la honte, à la dévalorisation de soi, et à toutes les formations réactionnelles qui s'opposent à leur envahissement. Alors les identifications œdipiennes échouent à prendre forme et s'équilibrer. Il peut en résulter un Surmoi à la fois fragile et rigide et un Idéal du Moi inspiré des modèles fâcheux inspirés par toute une contre-culture.

Ces difficultés, selon toute probabilité, prendront une allure et un développement différents selon que l'enfant est une fille ou un garçon. Mais dans les deux cas la crise d'adolescence risque d'être redoutable, avec ses conséquences possibles de révolte, de sexualité anarchique, de délinquance, de toxicomanie. Il faut y insister, rien ne condamne *a priori* parents et enfants à ce type de difficultés ; il s'agit là d'évolutions fâcheuses *possibles*, mais on peut s'alarmer qu'elles soient possibles.

C'est ainsi qu'Œdipe peut être malade. Il ne saurait être question d'imputer à ces développements intrapsychiques douloureux toute la causalité de la « crise de civilisation » que nous traversons. Répétons-le, les causalités culturelles, sociologiques, économiques, en sont évidentes ; ce que nous souhaitions ici souligner, c'est la nécessité d'études sur les interactions entre ces différents types de causalités.

Le complexe d'Œdipe est structurant. Nous avons affirmé son universalité dans l'espèce humaine. Est-il *spécifiquement* humain, c'est-à-dire propre à l'espèce ? Il existe des travaux remarquables sur les anthropoïdes, qui montrent que, au sein de ce groupe, d'une espèce à l'autre peuvent varier les modes de relation entre les générations et entre les sexes ; il est des espèces où l'inceste est banal, d'autres où, comme chez l'homme, il est exclu ; des espèces où les petits sont protégés, d'autres où le mâle qui prend le pouvoir tue les petits procréés par celui qu'il détrône... On peut multiplier les comparaisons et les analogies. Cependant, il semble bien que dans tous ces cas manque quelque chose que seul l'homme a instauré : l'ordre symbolique auquel nous avons fait référence dans ce qui précède. Le langage, les rites et les mythes, créateurs de cet ordre, sont propres à l'homme. C'est au sein de cet ordre — quelles qu'en soient les formes culturelles — que naît le petit de l'homme. C'est cet ordre qui assure la filiation, qui ordonne le développement et la continuité des civilisations. On ne peut plus adhérer pourtant à la thèse haeckelienne qui séduisait Freud : l'ontogenèse n'est pas simple reproduction de la phylogenèse. Quelque chose qui n'a pas d'équivalent dans d'autres espèces se produit chez l'enfant à une étape précoce de son développement : l'accès aux représentations, aux significations, aux processus de symbolisation, au langage. Dès lors un univers psychique se superpose à l'univers des objets matériels et des événements, des perceptions et des actions. C'est à ce niveau, et ainsi cadré, que va se nouer le complexe d'Œdipe, et que va, grâce à lui, se structurer le psychisme. Il existe là, peut-être, une discontinuité qui marque, en tout enfant, l'avènement de l'humain.

RÉFÉRENCES BIBLIOGRAPHIQUES

Anzieu D., Œdipe avant le complexe, ou l'interprétation psychanalytique des mythes, *Les Temps Modernes,* oct. 1966, p. 675-715.

Anzieu D., *L'auto-analyse de Freud et la découverte de la psychanalyse,* Paris, PUF, nouvelle édition en deux volumes, 1975.

Barnett M. C. *et al., La sexualité féminine controversée,* Paris, PUF, 1976.

Braunschweig D., Fain M., *La nuit, le jour. Essai psychanalytique sur le fonctionnement mental,* Paris, PUF, 1975.

Brusset B., *Le développement libidinal,* Paris, PUF, coll. « Que sais-je? », 1992.

Cahn R., *Adolescence et folie. Les déliaisons dangereuses,* Paris, PUF, 1971.

Chasseguet-Smirgel J., *Les deux arbres du jardin. Essais psychanalytiques sur le rôle du père et de la mère dans la psyché,* Paris, Ed. Des Femmes, 1988.

Chasseguet-Smirgel J. *et al., Recherches psychanalytiques nouvelles sur la sexualité féminine,* Paris, Payot, 1964.

Cournut-Janin M., Cournut J., La castration et le féminin dans les deux sexes, *Revue française de Psychanalyse,* 1993, 57, numéro spécial, 1353-1558.

David C., *La bisexualité psychique,* Paris, Payot, 1992.

Delcourt M., *Œdipe ou la légende du conquérant,* Paris, Les Belles Lettres, 1981.

Freud S., *La naissance de la psychanalyse* (Lettres à Wilhelm Fliess, notes et plans), Paris, PUF, 1956.

Freud S., *L'interprétation des rêves* (1900), Paris, PUF, 1967.

Freud S., *Trois essais sur la théorie de la sexualité* (1905), Paris, Gallimard, 1962.

(1908*a*) Freud S., Les théories sexuelles infantiles (1908), in *La vie sexuelle,* Paris, PUF, 1970.

(1908*b*) Freud S., La morale sexuelle civilisée et la maladie nerveuse des temps modernes (1908), in *La vie sexuelle,* Paris, PUF, 1970.

Freud S., Le roman familial des névrosés (1909), in *Névrose, psychose et perversion,* Paris, PUF, 1973.

(1913*a*) Freud S., La disposition à la névrose obsessionnelle. Une contribution au problème du choix de la névrose (1913), in *Névrose, psychose et perversion,* Paris, PUF, 1973.

(1913*b*) Freud S., *Totem et Tabou* (1913), Paris, Payot, 1965.

Freud S., Pour introduire le narcissisme (1914), in *La vie sexuelle,* Paris, PUF, 1970.

(1915*a*) Freud S., *Vues nouvelles sur les névroses de transfert* (1915), Paris, Gallimard, 1986.

(1915*b*) Freud S., Pulsions et destins des pulsions (1915), in *Métapsychologie,* Paris, Gallimard, 1976.

(1915*c*) Freud S., Considérations actuelles sur la guerre et sur la mort, in *Essais de psychanalyse,* Paris, Payot, nouv. trad., 1981.

(1915*d*) Freud S., *Métapsychologie* (1915-1917), Paris, Gallimard, 1976.

Freud S., *Cinq psychanalyses* (1905-1918), Paris, PUF, 1970.

Freud S., Deuil et mélancolie (1917), in *Métapsychologie*, Paris, Gallimard, 1976.

Freud S., Au-delà du principe de plaisir (1920), in *Essais de psychanalyse,* Paris, Payot, nouv. trad., 1981.
Freud S., Psychologie des foules et analyse du Moi (1921), in *Essais de Psychanalyse,* Paris, Payot, nouv. trad., 1981.
(1923*a*) Freud S., La disparition du complexe d'Œdipe (1923), in *La vie sexuelle,* Paris, PUF, 1970.
(1923*b*) Freud S., L'organisation génitale infantile (1923), in *La vie sexuelle,* Paris, PUF, 1970.
(1923*c*) Freud S., Le Moi et le Ça (1923), in *Essais de psychanalyse,* Paris, Payot, nouv. trad., 1981.
Freud S., *Nouvelles conférences sur la psychanalyse* (1930-1932), Paris, Gallimard, 1936.
Freud S., Breuer J., *Etudes sur l'hystérie* (1895), Paris, PUF, 1956.
Green A., *Un œil en trop. Le complexe d'Œdipe dans la tragédie,* Paris, Les Editions de Minuit, 1969.
Green A., *Le complexe de castration,* Paris, PUF, coll. « Que sais-je? », 1990.
Green A., Œdipe, Freud et nous, in *La déliaison,* Paris, Les Belles Lettres, 1992, p. 69-146.
Grimal P., *Dictionnaire de la mythologie grecque et romaine,* Paris, PUF, 1951.
Jeammet P., *Corps et esprit : l'impact de l'adolescence,* Paris, Plon, 1990.
Juillerat B., *Œdipe chasseur,* Paris, PUF, 1991.
Kaes R., Faimberg H., Enriquez M., Baranes J.-J., *Transmission de la vie psychique entre générations,* Paris, Dunod, 1993.
Klein M., *Essais de psychanalyse,* Paris, Payot, 1967.
Klein M., Heimann P., Isaacs S., Rivière J., *Développements de la psychanalyse,* Paris, PUF, 1966.
Laplanche J., Pontalis J.-B., *Vocabulaire de la psychanalyse,* Paris, PUF, 1967.
Laplanche J., Pontalis J.-B., *Fantasme originaire, fantasmes des origines, origines du fantasme,* Paris, Hachette, 1985.
Le Guen A., Oppenheimer A., Perron R. (dir.), *Angoisse et complexe de castration,* Paris, PUF, 1991.
Le Guen C., *L'Œdipe originaire,* Paris, Payot, 1974.
Lévi-Strauss C., *Les structures élémentaires de la parenté,* Paris, PUF, 1949.
Nathan T., *Psychanalyse païenne. Essais ethno-psychanalytiques,* Paris, Dunod, 1988.
Parat C., L'organisation œdipienne du stade génital, *Revue française de Psychanalyse,* 1967, 31, n° 5-6, 743-912.
Perron R., *Histoire de la psychanalyse,* Paris, PUF, coll. « Que sais-je? », 1988.
Perron R., Ribas D. (dir.), *Autismes de l'enfance,* Paris, PUF, 1994.
Perron-Borelli M., Sur la « trilogie » des fantasmes originaires, *Revue française de Psychanalyse,* 1991, 55, n° 5, 1151-1162.
Perron-Borelli M., Perron R., Fantasme et action, *Revue française de Psychanalyse,* 1987, 51, n° 2, 567-637.
Psychanalyse et culture grecque, Paris, Les Belles Lettres, 1980.
Van Steeren D., *Œdipe, une étude psychanalytique,* Paris, PUF, 1976.
Viderman S., *La construction de l'espace analytique,* Paris, Denoël, 1970.
Winnicott D. W., *Jeu et réalité,* Paris, Gallimard, 1975.

TABLE DES MATIÈRES

Imprimé en France
Imprimerie des Presses Universitaires de France
73, avenue Ronsard, 41100 Vendôme
Septembre 1994 — N° 40 667